רטיה

האולטימטיבית

ספר מתכונים

100 דרכים להכין טורטיות משלך לבוריטוס, אנצ'ילדס, טאקו ועוד!

פרי הארווי

כל הזכויות שמורות.

כתב ויתור

המידע הכלול בספר האלקטרוני הזה אמור לשמש אוסף מקיף של
אסטרטגיות שמחבר הספר האלקטרוני ערך עליהן מחקר. סיכומים,
אסטרטגיות, טיפים וטריקים מומלצים רק על ידי המחבר, וקריאת
ספר אלקטרוני זה לא תבטיח שהתוצאות של האדם ישקפו בדיוק את
התוצאות של המחבר. מחבר הספר האלקטרוני עשה את כל
המאמצים הסבירים לספק מידע עדכני ומדויק עבור קוראי הספר
האלקטרוני. המחבר ושותפיו לא יישאו באחריות לכל טעות או
השמטות לא מכוונות שתימצא. החומר בספר האלקטרוני עשוי לכלול
מידע מצדדים שלישיים. חומרים של צד שלישי כוללים דעות
המובעות על ידי בעליהם. ככזה, מחבר הספר האלקטרוני אינו לוקח
על עצמו אחריות או חבות לכל חומר או דעה של צד שלישי.

תוכן העניינים

3

מבוא

רובנו לוקחים טורטיות כמובן מאליו. הם זולים יחסית לקנייה - ויחסית טובים. אנחנו משתמשים בהם בדיוק כמו המסו-אמריקאים שהמציאו אותם: כמו לחם. למעשה, מכירות הטורטיות הן שנייה רק ללחם פרוס בארצות הברית.

אז למה להכין אותם? למה לקנות ציוד מיוחד - כמו מכונות חשמליות או ידניות, מערוכים, רשתות או קומלים - כדי להכין מאפס את מה שזמין כל כך בסופרמרקטים, בחנויות נוחות ובמצרכים מיוחדים? מאותה סיבה אנחנו אופים לחם, ביסקוויטים ולחמניות. כי רק יצא מהתנור או חם מהפס, בצק אפוי קורץ, משביע ומנחם כמו שום דבר אחר.

לחם יומי טרי, כולל טורטיות, הוא מיוחד כי עבור רובנו הוא הכל מלבד חוויה יומיומית. למרות שהכנת טורטיות דורשת תרגול, הכנת טורטיות מהירה וקלה יותר מהכנת לחם שמרים, שמצריכה ערבוב ולישה של הבצק, לתת לו לתפוח פעם או פעמיים, לעצב אותו ולאפות אותו.

כשמדובר בטורטיות תוצרת בית, היופי הוא בטעם ובניחוח. אל תזיע את הסימטריה. קבל את הטורטיות דקות ככל האפשר, אך קבל את העובדה שטורטיות עגולות לחלוטין עם קצוות חלקים הן תוצר של מכונות. תרגול יהפוך את הטורטיות שלך לעגולות ואחידות יותר, במיוחד טורטיות מקמחות. הם כנראה לעולם לא יהיו מושלמים, למעט בטעם ובאותנטיות.

8

כמו בלחם שמרים טרי או כל לחם מהיר, ניחוח הטורטיות הטרי מפתה. פריך עדין מבחוץ ונימוח מבפנים, טורטיות טריות הן פינוק מיוחד. אפילו רגיל, אבל בהחלט עם טפיחה של חמאה נמסה, גבינה או שעועית מחודשת, טורטיות ביתיות הן מתנה אמיתית מהטבח המיוחד שיודע להכין אותן.

קבל את המיוחד שלך והפך לכישרון טורטיה.

יש עוד סיבה להכין טורטיות בבית: שליטה במרכיבים. לטורטיות תוצרת בית שלך לא יהיו חומרים משמרים או תוספים כימיים אחרים ליציבות המדף, מכיוון שהטורטיות שלך לא יחזיקו מספיק זמן כדי להזדקק לחומרים משמרים. טעימות ככל שיהיו, סביר להניח שהטורטיות שלך יהיו מצולפות ברגע שהן יורדות מהמחבת.

טורטיות בסיסיות

1. טורטיות תירס

מכינים 12 טורטיות

רכיבים

2 כוסות (240 גרם) מסה חרינה, לבן או צהוב

2 עד 3 כפות (16 עד 24 גרם) קמח לכל מטרה, לא מולבן, או (18 עד 27 גרם) קמח ללא גלוטן (אופציונלי)

1/2 כפית מלח

11/4 עד 11/3 כוסות (285 עד 315 מ"ל) מים חמים (יותר לפי הצורך) או נוזל חדורי טעם

הוראות הגעה

1 בקערה בינונית, מקציפים או מערבבים יחד את המסה והקמח, אם משתמשים, והמלח.

2 מוסיפים את המים בהדרגה ומערבבים בעזרת כף עץ או מרית וידיים עד שהמרכיבים מתערבבים היטב. ללוש במשך 20 עד 30 שניות עד שהבצק גמיש. הבצק צריך להיות לח מספיק כדי להיאחז. הוסף עוד מים חמימים, כף אחת (15 מ"ל) בכל פעם, במידת הצורך.

3 חלקו את הבצק ל-12 כדורים בגודל כדור גולף, מעצבים בעזרת הידיים. מניחים כל כדור בצק בקערה ומכסים במגבת לחה כדי לשמור על לחות.

4 לוחצים או מגלגלים כל כדור בצק בעזרת מכבש טורטיה ידני או מערוך ומבשלים על 2 קמח חמים או פסים. או לוחצים וצולים בעזרת מכבש/טוסטר חשמלי לטורטיה.

2. ניקסטמל תוצרת בית

מייצר 2 פאונד (910 גרם) ניקסטאמל או מסה, בערך 16 טורטיות

רכיבים

2 כוסות (448 גרם) תירס דנט מיובש (ראה סרגל צד), שטוף ומרוקן

2 כפות (12 גרם) סידן הידרוקסיד, הלא הוא "קל" (ליים מושחל או כבישה)

6 כוסות (1.4 ליטר) מים פושרים

1 כפית מלח

הוראות הגעה

1 בסיר גדול על אש נמוכה מערבבים את התירס, הקל והמים. מביאים לרתיחה, כ-30 עד 45 דקות. המים חייבים להתחמם לאט. ברגע שהמים רותחים, מכבים את האש ומניחים ללילה, 18 עד 24 שעות, בטמפרטורת החדר.

2 מסננים את התירס הספוג במסננת גדולה. שוטפים היטב במים קרים.

3 ממלאים קערה עמוקה או מחבת גדולה במים קרים. מוסיפים את התירס המושרה. השתמש בידיים כדי לשפשף את התירס במים ולהסיר את הקליפות. שפכו את המים כדי להסיר את כל הקליפות הצפות. ממלאים מחדש במים כדי לכסות את התירס, משפשפים את התירס ושופכים את המים. חזור על 7 עד 10 פעמים כדי להסיר את התירס. כשהמים צלולים או כמעט צלולים, המשימה הושלמה. אל תנקז בפעם האחרונה. בשלב זה, יש לך פוסול. פוסול משמש בתבשילים מקסיקניים.

4 עבור מסה: טוחנים את התירס המופרק לבצק חלק ודק במרקם (ניקסטמאל) באמצעות מטחנה ידנית או חשמלית, מטאטה או מעבד מזון.

5 להכנת מסה באמצעות מעבד מזון, השתמשו בכף מחוררת כדי לנקז מחצית מעודפי הנוזלים והניחו מחצית מהתירס הספוג לתוך קערת העבודה המצוידת בלהב. דופק 10 עד 15 פעמים. מוסיפים את התירס הנותר ומקציפים 10 עד 15 פעמים. הוסף 1 עד 2 כפות (15 עד 28 מ"ל) מים מהתירס. דופק עוד 8 עד 10 פעמים. מגרדים את הקערה לפי הצורך בין הפעימה. הוסף 1 עד 2 כפות נוספות (15 עד 28 מ"ל) מים ומלח. דופקים עד שמתחיל להיווצר בצק.

6 הופכים על קרש, לשים כמה פעמים ומעצבים כדור. עוטפים בניילון ומניחים להתייצב למשך 30 דקות. שוברים לחתיכות של 11/2 אונקיה (42 גרם) ומעצבים 16 כדורים.

7 לוחצים על כל כדור בצק בעזרת מכבש טורטיה.

8 מבשלים על מחבת חמה או מחבת פסים.

9 או מהדקים וצולים בעזרת מכבש/טוסטר חשמלי לטורטיה.

10 שומרים על חום עד שמנצלים את כל הבצק.

טורטיות תירס כחולות .

מכינים 12 טורטיות

רכיבים

2 כוסות (240 גרם) תירס כחול מסה חרינה

2 עד 3 כפות (16 עד 24 גרם) קמח לכל מטרה, לא מולבן, או (18 עד 27 גרם) קמח ללא גלוטן (אופציונלי)

1/2 כפית מלח

11/4 עד 11/3 כוסות (285 עד 315 מ"ל) מים חמים (יותר לפי הצורך)

הוראות הגעה

1 בקערה בינונית, מקציפים או מערבבים יחד את המסה והקמח, אם משתמשים, והמלח.

2 מוסיפים את המים. מערבבים, בעזרת כף עץ או מרית וידיים, עד שכל החומרים מתערבבים היטב. ללוש במשך 20 עד 30 שניות עד שהבצק גמיש. הבצק צריך להיות לח מספיק כדי להיאחז. הוסף מים חמימים, כף אחת (15 מ"ל) בכל פעם, במידת הצורך.

3 חלקו את הבצק ל-12 כדורים בגודל כדור גולף, מעצבים בעזרת הידיים. מניחים כל כדור בצק בקערה ומכסים במגבת לחה כדי לשמור על לחות.

4 לוחצים או מגלגלים כל כדור בצק בעזרת מכבש טורטיה ידני או מערוך ומבשלים על מחבת או פסים חמים. או לוחצים וצולים בעזרת מכבש/טוסטר חשמלי לטורטיה.

5 שומרים על חום עד שמנצלים את כל הבצק.

קציצות קמח תירס מטוגנות

עושה 4 מנות

רכיבים

2 כוסות (240 גרם) קמח תירס צהוב, לבן או כחול

1 כפית מלח

1 כוס (235 מ"ל) מים רותחים

שמן לטיגון

הוראות הגעה

1 בקערת ערבוב גדולה מערבבים את קמח התירס והמלח. מערבבים פנימה בהדרגה את המים הרותחים. הבצק צריך להיות לח מספיק כדי להחזיק צורה אבל לא רך מדי. הניחו לבצק להתקרר מספיק כדי להתמודד, כ-5 דקות.

2 חלקו את הבצק ל-12 כדורים בגודל כדור גולף, מעצבים אותו בעזרת הידיים.

3 בעזרת הידיים, משטחים כל כדור בצק לקציצה בעובי 13 מ"מ. בזמן שהשמן מתחמם מכסים את הקציצות במגבת לחה.

4 מחממים 1/2 אינץ' (13 מ"מ) שמן במחבת חשמלית ל-375°F (190°C), או השתמשו במחבת כבדה על אש בינונית-גבוהה ובמדחום ממתקים/טיגון.

5 בעזרת מרית מחוררת מחליקים בזהירות 2 עד 3 קציצות קמח תירס לתוך השמן החם. מבשלים בצד אחד עד להזהבה, 3 עד 5 דקות. הופכים ומבשלים עד ששני הצדדים מזהיבים, עוד 3 דקות.

6 מסננים על נייר סופג. לשמור על חום. חוזרים על הפעולה עד שכל הקציצות מטוגנות.

7 כשמוכן להגשה, מחממים 1/2 אינץ' (13 מ"מ) שמן במחבת כבדה על אש בינונית-גבוהה ל-(190°C) 375°F. מניחים את הקציצות בשמן החם כשהן שטוחות כלפי מטה ומטגנים קלות עד שהן פריכות וזהובות, כדקה לכל צד. מסירים מהשמן, מסננים על נייר סופג ושומרים חם. חוזרים על הפעולה עד שכל הקציצות מטוגנות.

5. גורדיטאס וסופות

מכין 12 גורדיטות או סופס

רכיבים

2 כוסות (240 גרם) מסה חרינה

1 כפית מלח

1 כפית אבקת אפייה רגילה או ללא גלוטן (השמטה לסופה)

11/2 (355 מ"ל) כוסות מים

1/2 כוס (103 גרם) שומן שומן או קיצור ירק או 1/3 כוס (80 מ"ל) שמן צמחי או (75 גרם) שמן קוקוס מוצק

שמן צמחי, לטיגון סבונים

הוראות הגעה

1 מחממים מראש מחבת או מחבת פסים על אש בינונית ל-350°F (180°C) או לפי הוראות היצרן אם משתמשים במכבש חשמלי/טוסטר.

2 בקערת מיקסר גדולה, מערבבים את המסה, המלח ואבקת האפייה (אם משתמשים בגורדיטס), תוך טריפה או ערבוב כדי להתערבב היטב.

3 בסיר קטן על אש בינונית מערבבים את המים והשומן החזיר או השמן. מחממים כדי להמיס את השומן החזיר. מניחים בצד מהאש לצינון עד פושר לפני שילוב עם החומרים היבשים.

4 מוסיפים את הנוזל הפושר בהדרגה לחומרים היבשים ולשים כ-3 דקות. הבצק צריך להיות בעקביות של Play-Doh, ניתן לעיצוב וחלק אך בעל גמישות מספקת כדי להחזיק צורה.

5 מחלקים את הבצק ל-12 כדורים בגודל כדור גולף.

עבור GORDITAS

1 ביד, או באמצעות מכבש, מעצבים את הכדורים לקציצות בעובי 13 מ"מ או גורדיטס, בקוטר של כ-4 אינץ' (10 ס"מ). מכסים במגבת לחה כדי למנוע ייבוש. (ראה כאן לפרטים על שימוש במכבש ידני או במכבש חשמלי/פסילה. אין ללחוץ דק כמו לטורטיות.)

2 משמנים קלות את הקומל או המחבת שחומם מראש.

3 קולים את הגורדיטס על אש בינונית במשך 10 עד 12 דקות בסך הכל, הופכים לפי הצורך כדי למנוע השחמה יתרה. הם צריכים להתנפח מעט בזמן הבישול. גורדיטאס צריך להתבשל לאט כדי שהחלק הפנימי לא יהיה בצקי מדי. בחוץ צריכים להיות כתמים חומים בהירים.

4 מניחים להתקרר כ-5 דקות לטיפול קל יותר. מגישים רגיל או מפוצל עם סכין (כמו שמגישים פיתה או מאפין אנגלי).

עבור סופס

1 חזור על השלבים האחרונים 1 עד 5.

2 ביד או במכבש חשמלי, מעצבים את הכדורים לעובי של 12 (1/3 אינץ' [8 מ"מ]) קציצות או ספות. מכסים במגבת לחה כדי למנוע ייבוש. (ראה כאן לפרטים על שימוש במכבש ידני או במכבש חשמלי/פסטה.) אין ללחוץ דק כמו לטורטיות. קוטר הסופים צריך להיות כ-4 אינץ' (10 ס"מ).

3 משמנים קלות את הקומל או את המחבת שחומם מראש.

4 מניחים כל סופה על הפחית המשומנת שחוממת מראש או על הפסים ומבשלים כדקה אחת או עד שהבצק מתחיל להתייצב. אל תבשל יותר על המידה או שהבצק יתייבש ויסדק. הופכים ומבשלים עוד 20 עד 30 שניות.

5 בעזרת מרית, הסר את הסופים המבושלים מהמחבת. מכסים את הטורטיות במגבת מטבח יבשה ומצננים במשך 30 עד 45 שניות או עד שהן מתקררות מספיק כדי לטפל בזהירות. מהר - לפני שהם מתקררים יותר מדי - הופכים את הקצוות כלפי מעלה כדי ליצור קצה שפתיים, כמו קרום טארט, שיחזיק את המילויים. מכסים במגבת יבשה וחוזרים על הפעולה עד שכל הסופים מבושלים ומעוצבים. ניתן לעשות זאת עד 3 או 4 שעות קדימה.

6 כאשר מוכן להגשה, חממו 1/2 אינץ' (13 מ"מ) שמן במחבת כבדה על אש בינונית-גבוהה ל-375°F (190°C). מניחים את הסופים בשמן החם כשהצד השטוח כלפי מטה ומטגנים קלות עד שהם פריכים וזהובים, כדקה לכל צד. מסירים מהשמן, מסננים על נייר סופג ושומרים חם. חוזרים על הפעולה עד שכל הסופים מטוגנים.

6. טורטיות מקמח בסיסי

מייצרת 12 (6 אינץ' [15 ס"מ]) טורטיות

רכיבים

2 כוסות (250 גרם) קמח לבן לכל מטרה, (240 גרם) קמח לא מולבן, או (240 גרם) קמח מלא טחון דק (או שילוב)

1 כפית אבקת אפייה (לא חובה)

1 כפית מלח

1/2 כוס (103 גרם) שומן חזיר מוצק או קיצור ירק או 1/3 כוס (68 גרם) שומן חזיר טרי, (80 מ"ל) שמן צמחי, תירס או זית (או רצוי), או 75 גרם) שמן קוקוס מוצק

1 כוס (235 מ"ל) מים חמים (מוצג כאן להכנת טורטיות קמח בטעמים)

הוראות הגעה

1 בקערה גדולה מערבבים יחד את הקמח, אבקת האפייה והמלח. בעזרת חותכן בצק או קערת עבודה של מעבד מזון מצויד בלהב, חותכים פנימה את השומן החזיר עד שהתערובת מזכירה פירורים גסים. אם התערובת נראית יבשה מדי, שלבו קיצור נוסף או שומן חזיר לפי הצורך.

2 הוסיפו לאט את המים החמים, תוך ערבוב או בפעימה, ליצירת כדור בצק. ללוש קלות את הבצק בקערה 30 פעמים או לפי הצורך כדי ליצור בצק גמיש ולא דביק. או מוציאים את הבצק מקערת העבודה של מעבד המזון ולשים על קרש מקומח קלות.

3 מניחים את הלישה בקערה או על קרש בצק. מכסים במגבת מטבח נקייה ונותנים לנוח שעה. זהו מקום עצירה טוב אם אתה רוצה להגיש

טורטיות טריות מאוחר יותר. הבצק יכול לנוח 4 עד 6 שעות אם הוא מכוסה היטב בשכבת ניילון ומגבת למניעת התייבשות. אין לקרר.

4 קורצים חתיכות ומעצבים מהבצק 12 כדורים בגודל שווה. מכסים במגבת מטבח נקייה ונותנים לנוח עוד 20 עד 30 דקות.

5 כשמגיע הזמן לסיים את הטורטיות, מרדדים כל כדור בצק לדק מאוד (לא עבה מהכריכה הקשה של ספר, דק יותר אם אפשר) בעזרת מערוך. מצפים על דפנות קערה ושומרים מכוסה במגבת תוך כדי רידוד כל טורטייה.

6 מבשלים על מחבת חמה או מחבת פסים. או לוחצים וצולים בעזרת מכבש/טוסטר חשמלי לטורטיה.

7 שומרים על חום עד שמנצלים את כל הבצק.

טורטיות קמח ללא גלוטן .

מייצרת 12 (6 אינץ' [15 ס"מ]) טורטיות

רכיבים

2 כוסות (272 גרם) קמח ללא גלוטן

1 כפית אבקת אפייה ללא גלוטן (לא חובה)

1 כפית מלח

1/2 כוס (103 גרם) שומן חזיר או קיצור ירק, או 1/3 כוס (68 גרם) שומן חזיר טרי, (80 מ"ל) שמן ירקות, תירס, זית (או רצוי) או (75 גרם) שמן קוקוס מוצק

1 כוס (235 מ"ל) מים חמים

הוראות הגעה

1 בקערה גדולה מערבבים יחד את הקמח, אבקת האפייה והמלח. בעזרת חותכן בצק או קערת עבודה של מעבד מזון מצויד בלהב, חותכים פנימה את השומן החזיר עד שהתערובת מזכירה פירורים גסים. אם התערובת נראית יבשה מדי, שלבו קיצור נוסף או שומן חזיר לפי הצורך.

2 הוסיפו לאט את המים החמים, תוך ערבוב או בפעימה, ליצירת כדור בצק. ללוש קלות את הבצק בקערה 30 פעמים או לפי הצורך כדי ליצור בצק גמיש ולא דביק. או מוציאים את הבצק מקערת העבודה של מעבד המזון ולשים על קרש מקומח קלות.

3 מניחים את הלישה בקערה או על קרש בצק. מכסים במגבת מטבח נקייה ונותנים לנוח שעה. זהו מקום עצירה טוב אם אתה רוצה להגיש טורטיות טריות מאוחר יותר. הבצק יכול לנוח 4 עד 6 שעות אם הוא מכוסה היטב בשכבת ניילון ומגבת למניעת התייבשות. אין לקרר.

4 קורצים חתיכות ומעצבים מהבצק 12 כדורים בגודל שווה. מכסים במגבת מטבח נקייה ונותנים לנוח עוד 20 עד 30 דקות.

5 כשמגיע הזמן לסיים את הטורטיות, מרדדים כל כדור בצק לדק מאוד (לא עבה מהכריכה הקשה של ספר, דק יותר אם אפשר) בעזרת מערוך. מצפים על דפנות קערה ושומרים מכוסה במגבת תוך כדי רידוד כל טורטייה.

6 מבשלים על מחבת חמה או מחבת פסים. או לוחצים וצולים בעזרת מכבש/טוסטר חשמלי לטורטיה.

7 שומרים על חום עד שמנצלים את כל הבצק.

טורטיות מקמח בטעם

. טורטיות בטטה או מקמח דלעת

מייצרת 12 (6 אינץ' [15 ס"מ]) טורטיות

רכיבים

2 כוסות (250 גרם) קמח לבן לכל מטרה, (240 גרם) קמח לא מולבן, או (240 גרם) קמח מלא טחון דק (או שילוב שלו)

3 כפיות (14 גרם) אבקת אפייה

1 כפית מלח

1/2 כוס (103 גרם) שומן שומן או קיצור ירק או 1/3 כוס (80 מ"ל) שמן צמחי, תירס או זית (או רצוי), או (75 גרם) שמן קוקוס מוצק

3/4 כוס (246 גרם) פירה בטטה (שימורים או טריים) או (184 גרם) מחית דלעת (שימורים או טריים)

1/2 כוס (120 מ"ל) מים חמים, בתוספת נוספת לפי הצורך

הוראות הגעה

1 בקערה גדולה מערבבים יחד את הקמח, אבקת האפייה והמלח.

2 בעזרת בלנדר מאפים, מזלג או שתי סכינים מערבבים פנימה את השומן החזיר או הקיצור עד שהקמח נראה כמו פירורים גסים.

3 מוסיפים בהדרגה את הבטטה או הדלעת והמים החמים, תוך ערבוב בכף עץ, ליצירת כדור בצק.

4 להכנת הבצק באמצעות מעבד מזון מצויד בלהב, מערבבים את החומרים היבשים בקערת העבודה. מוסיפים את השומן החזיר, תוך כדי איחוד עד שהתערובת מזכירה פירורים גסים. אם התערובת נראית יבשה מדי, שלבו קיצור נוסף או שומן חזיר לפי הצורך. מוסיפים בהדרגה את הבטטה או הדלעת והמים, תוך כדי יצירת כדור בצק.

5 לאחר יצירת הבצק, יש ללוש קלות את הבצק בקערה 30 פעמים או לפי הצורך כדי ליצור בצק גמיש ולא דביק. או מוציאים את הבצק מקערת העבודה של מעבד המזון ולשים על קרש מקומח קלות כמו לעיל. אם הבצק דביק מדי, מוסיפים עוד קמח לפי הצורך.

6 מניחים את הלישה בקערה או על קרש בצק. מכסים במגבת מטבח נקייה ונותנים לנוח למשך שעה. זהו מקום עצירה טוב אם אתה רוצה להגיש טורטיות טריות מאוחר יותר. הבצק יכול לנוח עד 4 עד 6 שעות אם הוא מכוסה היטב בשכבת ניילון ומגבת למניעת התייבשות. אין לקרר.

7 קורצים חתיכות ומעצבים מהבצק 12 כדורים בגודל שווה. מכסים במגבת מטבח נקייה ונותנים לנוח עוד 20 עד 30 דקות.

8 כשמגיע הזמן לסיים את הטורטיות, מרדדים כל כדור בצק לדק מאוד (לא עבה מהכריכה הקשה של ספר, דק יותר אם אפשר) בעזרת מערוך. מצפים על דפנות קערה ושומרים מכוסה במגבת תוך כדי רידוד כל טורטייה.

9 מבשלים על מחבת חמה או מחבת פסים. או לוחצים וצולים בעזרת מכבש/טוסטר חשמלי לטורטיה.

10 שומרים על חום עד שמנצלים את כל הבצק.

9. טורטיות שעועית שחורה

מייצרת 12 (6 אינץ' [15 ס"מ]) טורטיות

רכיבים

1/3 כוס (47 גרם) קמח שעועית שחורה

1/2 כוס (64 גרם) עמילן תירס

2 כפות (16 גרם) קמח טפיוקה

1/2 כפית מלח

2 ביצים טרופות קלות

11/2 כוס (355 מ"ל) מים

תרסיס שמן צמחי לפי הצורך

הוראות הגעה

1 בקערה בינונית, מערבבים את קמח השעועית השחורה, עמילן התירס, קמח הטפיוקה והמלח.

2 בעזרת מטרפה טורפים פנימה את הביצים והמים עד שהבלילה נטול גושים. הבלילה תהיה ממש דלילה. מניחים בצד למשך 25 עד 30 דקות להסמכה.

3 מחממים מראש מחבת קרפ בגודל 6 או 8 אינץ' (15 עד 20 ס"מ) ל-375°F (190°C). עדיף מחבת עם משטח נון-סטיק. או מצפים קלות את החלק הפנימי של התחתית ודפנות התבנית בתרסיס בישול לפני בישול הטורטייה.

4 כשהמחבת מחוממת מראש, יוצקים 1/4 כוס (60 מ"ל) מהבלילה למחבת, מערבבים לפיזור אחיד של הבלילה ויוצרים טורטייה עגולה

ודקה. מבשלים במשך 45 שניות עד דקה אחת או עד שהבלילה מתייצבת.

5 בעזרת מרית, הפוך את הטורטייה רק מספיק זמן כדי לבשל את הצד השני עד לקבלת צבע חום בהיר. מוציאים לגיליון נייר שעווה. ממשיכים עם שאר הבלילה, מפרידים כל טורטיה עם דף נייר שעווה. שומרים חם עד להגשה.

שימושים מומלצים: מגלגלים טורטיה "קרפים" כמו קמח במילוי ביצים מקושקשות ומעליו רוטב צ'ילי אדום של ניו מקסיקו.

. טורטיות אורז חום

מייצרת 12 (6 אינץ' [15 ס"מ]) טורטיות

רכיבים

11/2 כוסות (240 גרם) קמח אורז חום

1/2 כוס (60 גרם) קמח טפיוקה

1/2 כפית מלח

1 כוס (235 מ"ל) מים רותחים

שמן צמחי לבחירה

הוראות הגעה

1 בקערת ערבוב בינונית, טורפים יחד את האורז החום וקמחי
הטפיוקה והמלח.

2 בעזרת כף עץ מערבבים פנימה בהדרגה את המים הרותחים ליצירת
בצק. ללוש את הבצק בקערה 20 פעמים. מוסיפים מים, 1 כף (15
מ"ל) בכל פעם, אם הבצק מרגיש יבש מדי.

3 מכסים במגבת לחה ומניחים לנוח 10 דקות.

4 קורצים חתיכות ומעצבים מהבצק 12 כדורים בגודל שווה. מכסים
במגבת מטבח לחה.

5 מרדדים כל כדור בצק לדק מאוד (לא עבה יותר מהכריכה הקשה
של ספר, דק יותר אם אפשר) בעזרת מערוך. או ללחוץ באמצעות
מכבש טורטיה ידני. מלפפים על דפנות קערה ושומרים מכוסה
במגבת לחה תוך כדי רידוד או לחיצה של כל טורטייה.

6 מחממים מחבת או מחבת פסים על אש בינונית-גבוהה. כאשר המחבת חמה מספיק כדי לגרום לכמה טיפות מים "לרקוד" ולהתאדות מיד, מצפים בנדיבות את המשטח החם בשמן צמחי. מבשלים את הטורטיות 1 עד 2 דקות מכל צד עד להופעת כתמי שיזוף בהירים. חזור על הפעולה, הוספה של עוד שמן לפי הצורך, עד שכל הטורטיות מבושלות.

7 שומרים על חום עד שמנצלים את כל הבצק.

8 כאשר כל הטורטיות מבושלות, מחזיקים במחמם טורטיות או עורמים בין שתי צלחות. מניחים לשבת ולאדות כ-10 דקות כדי שהם יהיו רכים וגמישים.

11. טורטיות דגנים מעורבות

מכינים 12 טורטיות

רכיבים

2/3 כוס (80 גרם) קמח טפיוקה

2/3 כוס (107 גרם) קמח אורז

1/3 כוס (45 גרם) קמח סורגום

1/3 כוס (40 גרם) קמח כוסמת

1/2 כפית אבקת אפייה ללא גלוטן

3/4 כפית קסנטאן מסטיק

1 כוס (235 מ"ל) מים חמים

1/3 כוס (68 גרם) קמח אורז מתוק, או לפי הצורך

שמן צמחי לבחירה

הוראות הגעה

1 בקערה גדולה, שלבו את הקמחים הטפיוקה, האורז, הסורגום והכוסמת, אבקת האפייה והקסנטן גאם.

2 בעזרת כף עץ מערבבים פנימה בהדרגה את המים החמים ומערבבים עד שנוצר בצק. אם הבצק דביק מכדי ליצור כדור, מוסיפים קמח אורז מתוק בכף (13 גרם) כדי להגיע לבצק רך ולא דביק שיחזיק את צורתו.

3 מחלקים את הבצק ל-12 חלקים בגודל שווה. מגלגלים ליצירת כדורים בגודל כדור גולף. מחזירים לקערה ומכסים במגבת לחה.

4 מפזרים קלות את משטח הרידוד וכדור בצק בקמח אורז. מרדדים כל כדור בצק לדק מאוד (לא עבה יותר מהכריכה הקשה של ספר, דק יותר אם אפשר) בעזרת מערוך. או ללחוץ באמצעות מכבש טורטיה ידני.

5 מחממים מחבת או מחבת פסים על אש בינונית-גבוהה. כאשר המחבת חמה מספיק כדי לגרום לכמה טיפות מים "לרקוד" ולהתאדות מיד, מצפים בנדיבות את המשטח החם בשמן צמחי.

6 כשהשמן חם מחליקים פנימה טורטייה אחת. הזיזו אותו כדי לצפות את התחתית בשמן; הפוך והזז אותו כדי לצפות בצד זה.

7 מבשלים עד שהטורטייה מתחילה להשחים, בערך 2 עד 3 דקות. הופכים ומבשלים עד שהצד השני מתחיל להשחים, עוד 3 עד 4 דקות. מוסיפים שמן נוסף לפי הצורך כדי לבשל את הטורטיות הנותרות.

8 מסננים על נייר סופג ושומרים חם עד שכל הבצק מנוצל.

טורטיות דוחן וקינואה .

מכינים 12 טורטיות

רכיבים

1/2 כוס (60 גרם) קמח דוחן

1/2 כוס (56 גרם) קמח קינואה

1 כוס (120 גרם) קמח טפיוקה

1 כפית אבקת אפייה ללא גלוטן

1 כפית קסנטאן מסטיק

1 כפית מלח

1 כף (20 גרם) דבש או סירופ אגבה

1/2 כוס (120 גרם) מים חמימים

4 כפות (103 גרם) קיצור או שומן חזיר

הוראות הגעה

1 בקערת מיקסר חשמלי או בכל קערה בינונית, מערבבים את קמחי הדוחן, הקינואה והטפיוקה, אבקת אפייה, קסנתן גאם ומלח.
השתמשו במיקסר חשמלי במהירות נמוכה או מקציפים ביד לאיחוד החומרים היבשים.

2 אם משתמשים במיקסר חשמלי, מוסיפים את הדבש או אגבה, מים חמים וקיצור או שומן חזיר, מערבבים עד שנוצר בצק סביב המקציפים. מערבבים את הבצק במהירות בינונית למשך דקה נוספת.
לחלופין, אם עושים זאת ביד, השתמשו בכף עץ כדי לערבב פנימה

את החומרים הרטובים, וערבבו ליצירת כדור רך. ללוש 10 עד 20 פעמים. הבצק יהיה מעט דביק וקפיצי.

3 עוטפים את הבצק היטב בניילון נצמד ומצננים במשך 30 עד 45 דקות.

4 לאחר הקירור מחלקים את הבצק ל-12 חלקים שווים ויוצרים מכל אחד כדור. מחזירים לקערה ומכסים במגבת לחה כדי למנוע ייבוש.

5 מרדדים כל כדור בצק לדק מאוד (לא עבה יותר מהכריכה הקשה של ספר, דק יותר אם אפשר) בעזרת מערוך. או ללחוץ באמצעות מכבש טורטיה ידני. מלפפים על דפנות קערה ושומרים מכוסה במגבת לחה תוך כדי רידוד או לחיצה של כל טורטייה.

6 מחממים מחבת או מחבת פסים על אש בינונית-גבוהה. כאשר המחבת חמה מספיק כדי לגרום לכמה טיפות מים "לרקוד" ולהתאדות מיד, מצפים בנדיבות את המשטח החם בשמן צמחי. מבשלים את הטורטיות 1 עד 2 דקות מכל צד. חזור על הפעולה, הוסף עוד שמן לפי הצורך עד שכל הטורטיות מבושלות.

7 שומרים על חום עד שמנצלים את כל הבצק.

8 כאשר כל הטורטיות מבושלות, מחזיקים במחמם טורטיות או עורמים בין שתי צלחות. מניחים לשבת ולאדות כ-10 דקות כדי שהם יהיו רכים וגמישים.

שימושים מומלצים: אנצ'ילדות במילוי קרניטס בציפוי שומה אמיתית, או שומה קלה, טורטיית קמח "פיצה".

13. טורטיות רפאים

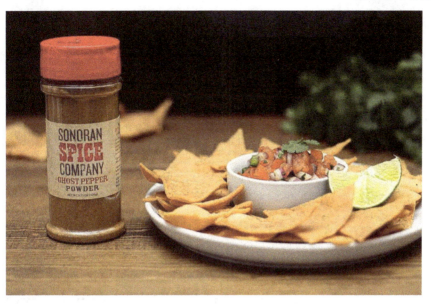

מכינים 12 טורטיות

רכיבים

3/4 כוס (120 גרם) קמח אורז לבן

1/2 כוס (60 גרם) קמח טפיוקה

1/4 כוס (30 גרם) קמח חומוס

1/2 כוס (96 גרם) עמילן תפוחי אדמה

1 כפית קסנטאן מסטיק

1 כפית מלח

1 כפית אבקת אפייה ללא גלוטן

1/4 כוס (51 גרם) שמן קוקוס מוצק, קיצור או (56 גרם)

1 כוס (235 מ"ל) מים חמים

1 בקערה גדולה או בקערת עבודה של מעבד מזון מצויד בלהב, מערבבים יחד את הקמחים האורז, הטפיוקה והחומוס, עמילן תפוחי האדמה, הקסנטן גאם, המלח ואבקת האפייה.

2 בעזרת חותכן מאפים או מעבד מזון חותכים פנימה את השומן החזיר או הפולסים עד שהתערובת מזכירה פירורים גסים. אם התערובת נראית יבשה מדי, שלבו קיצור נוסף או שומן חזיר לפי הצורך.

3 הוסיפו באיטיות 1/2 כוס (120 מ"ל) מים חמים, תוך ערבוב או פעימה לשילוב. מוסיפים בהדרגה את שאר המים רק ליצירת כדור בצק.

4 ללוש קלות את הבצק בקערה 20 פעמים או לפי הצורך כדי ליצור בצק גמיש ולא דביק. או מוציאים את הבצק מקערת העבודה של מעבד המזון ולשים על קרש מקומח קלות באורז או קמח טפיוקה.

5 קורצים חתיכות ומעצבים מהבצק 12 כדורים בגודל שווה. מכסים במגבת מטבח לחה כדי למנוע התייבשות.

6 מרדדים כל כדור בצק לדק מאוד (לא עבה יותר מהכריכה הקשה של ספר, דק יותר אם אפשר) בעזרת מערוך. מצפים על דפנות קערה ושומרים מכוסה במגבת תוך כדי רידוד כל טורטייה. מבשלים על מחבת חמה או על מחבת פסים.

7 או מהדקים וצולים בעזרת מכבש/טוסטר חשמלי לטורטיה.

8 שומרים על חום עד שמנצלים את כל הבצק.

. טורטיות פשתן קטו

עושה 5
זמן כולל: 15 דקות

רכיבים

1 כוס ארוחת זרעי פשתן זהב
2 כפות זרעי צ'יה
2 כפיות שמן זית
1/2 כפית אבקת קארי
1 כוס מים מסוננים
1 כפית קמח קוקוס

הוראות הגעה

a)   בקערת ערבוב גדולה מערבבים היטב את כל החומרים היבשים, מלבד קמח הקוקוס וחצי משמן הזית.

b)   מערבבים היטב עד שהתערובת יוצרת כדור מוצק.

c)   מפזרים קמח קוקוס על הבצק ומותחים את הבצק בעזרת מערוך.

d)   גזרו את הטורטייה בעזרת כלי עגול רחב.

e)   מחממים 1 כפית שמן זית במחבת על אש בינונית-גבוהה. לאחר שהשמן חם מוסיפים את הטורטייה ומטגנים עד להשחמה הרצויה.

f)   לְשָׁרֵת!

טורטיות ירקות וקינואה

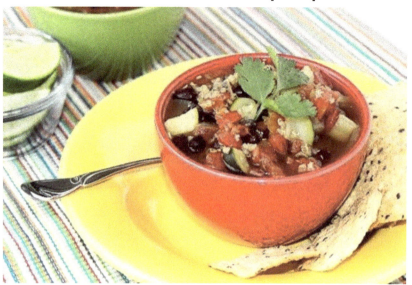

תשואה: 16 מנות

רכיבים:

1 כוס מים

½ כוס קינואה; שטוף היטב ומבושל

2 שאלוט קטנים; טָחוּן

½ כוס גזר מגורר דק

½ כוס פלפל אדום טחון

ביצה 1 גדולה

¾ כוס שיבולת שועל לבישול מהיר

¾ כוס קמח מאפה מחיטה מלאה

¾ כוס קמח לבן לא מולבן

⅓ כוס גבינת פרמזן מגוררת

½ כפית מלח

½ כפית אורגנו יבש מפורר

הוראות הגעה:

a)   מערבבים בצלי שאלוט, גזר, פלפל אדום וביצים. מוסיפים את הקינואה החמה, שיבולת השועל, הקמחים, הגבינה, המלח והאורגנו. מערבבים רק עד שהבצק מתאחד.

b)   יוצרים מהבצק גליל, מנוחה.

ם)   בעזרת מכבש טורטיה או מערוך יוצרים מכל חלק עיגולים דקים
        בגודל 6 אינץ'. אופים 30 שניות בצד הראשון.

ם)   הופכים ואופים במשך דקה בצד השני, ואז הופכים חזרה לצד
        הראשון ואופים 30 שניות אחרונות.

קינוחי טורטיה

. טורט "אטריות" קמח אלפרדו

עושה 4 מנות

רכיבים

4 טורטיות קמח קניות בחנות

2 כוסות (475 מ"ל) שמנת כבדה

חבילה אחת (3 אונקיות, או 85 גרם) של גבינת שמנת, קצוצה גס, או 1/3 כוס (80 גרם) מסקרפונה

6 אונקיות (170 גרם) גבינת פרמזן מגוררת

1 כפית אבקת שום

ערבובים אופציונליים: 1 כוס (130 גרם) אפונה קפואה מבושלת, שטופה ומרוקנת; 4 רצועות בייקון או פרוסות פנצ'טה, מטוגנות פריכות ומפוררות

1 מגלגלים היטב 1 טורטייה. בעזרת סכין חדה על קרש חיתוך חותכים את הטורטייה המגולגלת לרצועות דקות כמו פטוצ'ין. חוזרים על הפעולה עם שאר הקמח טורטיות.

2 בסיר בינוני על אש בינונית, מבשלים את השמנת במשך 3 דקות או רק עד שבועות שוברות את פני השטח. מנמיכים את האש ומבשלים במשך 5 דקות או עד שהקרם מסמיך ומצטמצם לכ-11/2 כוסות (355 מ"ל).

3 טורפים פנימה את גבינת השמנת או המסקרפונה, גבינת הפרמזן ואבקת השום. מערבבים ומבשלים 3 דקות או רק עד שגבינת השמנת נמסה ומתערבבת היטב. אם הרוטב סמיך מדי, מדללים עם עוד קצת שמנת או חלב.

4 מערבבים פנימה את "אטריות הטורטיה", מערבבים בעדינות לציפוי
אחיד ולחמם. מבשלים כדקה אחת. אם רוצים, מערבבים פנימה
אפונה ירוקה. למעלה עם בייקון מפורר או פנצ׳טה. מגישים מיד.

17. "אטריות" קמח טורטיה con queso

עושה 4 מנות

רכיבים

4 טורטיות קמח קניות בחנות

2 כוסות (500 גרם) Queso מחומם

חלב, לפי הצורך

ערבובים אופציונליים: 1 כוס (225 גרם) צ'וריסו תוצרת בית, מפורר, מבושל ומרוקן; 1 כוס (146 גרם) אבוקדו קצוץ גס; 1/2 כוס (90 גרם) עגבניות קצוצות, שטופות ומרוקנות

1 מגלגלים היטב 1 טורטייה. בעזרת סכין חדה על קרש חיתוך, חותכים את הטורטייה המגולגלת לרוחב לרצועות רחבות, כמו פפרדלה או אטריות ביצים. חוזרים על הפעולה עם שאר הקמח טורטיות.

2 בסיר בינוני על אש נמוכה, מאחדים את ה-Queso המחומם ומערבבים פנימה את "אטריות הטורטיה", מערבבים בעדינות לציפוי אחיד ולחמם. אם הרוטב סמיך מדי, מדללים בחלב.

3 מבשלים כדקה אחת. אם רוצים, מערבבים פנימה צ'וריסו תוצרת בית. מעל אבוקדו ועגבניות. מגישים מיד.

18. טורטיה "פיצה" מקמח

עושה פיצה אחת (1 עד 2 מנות)

רכיבים

שמן צמחי, לפי הצורך

1 טורטייה מקמח (15 ס"מ או 25 ס"מ) (יש לוודא שטורטיית קמח מכסה את תחתית מחבת ברזל יצוק באותו הגודל)

1/4 עד 1/3 כוס (61 עד 81 גרם) רוטב עגבניות, כגון רוטב פיצה או רוטב צ'ילה אדום של ניו מקסיקו

1 כוס (115 גרם) גבינה מגוררת, כגון מוצרלה או מונטריי ג'ק

1/2 כוס (35 גרם) נקניק איטלקי מבושל, פפרוני, (35 גרם) פטריות מוקפצות, (113 גרם) צ'וריסו ביתי, (100 גרם) מילוי בקר טחון, או תוספת רצויה

1/4 כוס (10 גרם) בזיליקום טרי קצוץ גס, עלי כוסברה או (36 גרם) צ'ילי ירוק צלוי

1 מקם מתלה תנור קרוב ככל האפשר לפטם. מחממים את הפטם מראש.

2 מחממים מחבת מברזל יצוק על אש גבוהה עד כמעט עשן ומוסיפים רק מספיק שמן כדי לצפות מעט את התחתית. מחממים רק עד שהשמן מנצנץ. מנמיכים את האש לבינונית-גבוהה ומנגבים את רוב השמן בעזרת כדור נדיב של נייר סופג כדי למנוע שריפת האצבעות. אין להסיר את המחבת מהאש.

3 מוסיפים את הטורטייה הקמחית, עם הבועות הקטנות כלפי מטה. מבשלים במשך 1 עד 2 דקות, או עד שהתחתית פריכה ומשחימה, ומעל את הפחזניות. מסירים את המחבת מהאש. הערה: טורטיות

קמח מופיעות אחרת בכל צד. בצד אחד יש בועות זעירות, כמו עור במרקם חלוקי נחל, והצד השני נראה חלק יותר עם בועות גדולות יותר שנראות כמו אדוות על בריכה. הצד התחתון יהיה פריך. הצד השני יתפח כמו בצק פיצה רגיל.

4 בעזרת גב כף מורחים שכבה דקה של רוטב על פני הטורטייה, מורחים רוטב עד הקצה.

5 מפזרים את הגבינה על פני הטורטייה, עד הקצה.

6 מסדרים את הנקניק או את תוספת הבשר הרצויה על הגבינה.

7 מניחים מתחת לפטם כ-3 דקות או רק עד שהגבינה נמסה.

8 מפזרים בזיליקום טרי, כוסברה או צ'ילי ירוק צלוי ומגישים מיד.

טורטיית קמח "כופתאות מטוגנות"

עושה 4 מנות

רכיבים

2 כוסות (450 גרם) מילוי בשר טחון מבושל, סחוט היטב, או חזה בקר מגורר, חזיר טחון מגורר או עוף חריף

1 כוס (115 גרם) גבינת פפר ג'ק מגוררת

12 טורטיות קמח (6 או 7 אינץ' [15 או 18 ס"מ]), מחוממות לגמישות

שמן צמחי, לטיגון

1 כפית מלח ים דק, או לפי הטעם

סלסות ורטבים לטבילה: סלסה אדומה, רוטב עגבניות צלוי, רוטב עגבניות ירוקות, סלסת צ'יפוטלה, קרמה אבוקדו, גוואקמולי

1 בקערה בינונית מערבבים את המילוי והגבינה המגוררת. מערבבים או ללוש לאיחוד כך שהתערובת תחזיק צורה כמו קציצה.

2 בעזרת כדור מלון או כף, גרפו סיבוב של תערובת בשר וגבינות. מניחים במרכז טורטייה על קרש חיתוך.

3 מקפלים את הטורטיה לשניים ולאחר מכן מקפלים ליצירת משולש. מהדקים את הקצוות בעזרת קיסם. חזור על הפעולה עד שכל הטורטיות מתמלאות, מקופלות ומאובטחות.

4 במטיגון עמוק או במחבת חשמלית, חממו לפחות 3 אינץ' (7.5 ס"מ) של שמן ל-375°F (190°C). או השתמשו במחבת עמוקה או בסיר גדול אחר ובמדחום ממתקים/טיגון.

5 בעזרת כף מחוררת מחליקים בזהירות כופתאה לתוך השמן החם. מטגנים 2 עד 3 בכל פעם במשך 15 עד 20 שניות, עד להזהבה מצד

אחד. בעזרת מלקחיים או כף מחוררת הופכים ומבשלים עד להזהבה בצד השני, כ-15 עד 20 שניות יותר.

6 בעזרת כף מחוררת מוציאים את הכיסונים, מניחים לעודפי השמן להתנקז בחזרה לסיר. מניחים על נייר סופג לספיגת עודפי שומן. חוזרים על הפעולה עד שכל הכיסונים מטוגנים.

7 מפזרים מלח ים.

8 מגישים חם או בטמפרטורת החדר עם הסלסה או הרוטב הרצויים לטבילה.

20. Sopapillas (לחם מטגנים מתוק)

מייצר 16 סופפילות

רכיבים

21/4 כוסות (281 גרם) קמח לכל מטרה

2 כפיות אבקת אפיה

1 כף (13 גרם) סוכר, בתוספת נוספת לפי הצורך

1/4 כפית מלח

1/3 כוס (68 גרם) קיצור

3/4 כוס (175 מ"ל) מים חמימים מאוד ([43°C] 110°F)

שמן צמחי, לטיגון

1 כוס (340 גרם) דבש

1 בקערת ערבוב גדולה מערבבים את הקמח, אבקת האפייה, הסוכר והמלח. מערבבים היטב בעזרת כף גדולה. או בקערת העבודה של מעבד מזון, מערבבים את הקמח, אבקת האפייה, הסוכר והמלח בפעימות פעם או פעמיים.

2 בעזרת חותכן או מזלג מערבבים את תערובת הקיצור והקמח עד לקבלת תערובת פירורית. או להוסיף את הקיצור לקערת העבודה של מעבד מזון, תוך כדי פעימה מספר פעמים עד שהתערובת מתערבבת היטב ומתפוררת.

3 מוסיפים את המים ומערבבים או מעבדים עד שנוצר בצק. ללוש כ-20 פעמים או עד לקבלת תערובת חלקה ואלסטית. או מוציאים מקערת העבודה ולשים על קרש מקומח קלות כ-20 פעמים או עד

לקבלת תערובת חלקה ואלסטית. מכסים ומניחים בצד ל-30 דקות לפחות למנוחה.

4 יוצקים את השמן לטיגון עמוק או מחבת חשמלית עמוקה לעומק של לפחות 2 אינץ' (5 ס"מ). מחממים מראש ל-(190°C) 375°F. אתה יכול גם להשתמש במחבת עמוקה או בתנור הולנדי ובמדחום של סוכריות או טיגון על הכיריים. ממלאים ב-2 אינץ' (5 ס"מ) של שמן ומחממים מראש ל-(190°C) 375°F.

5 מפזרים קלות קמח על השיש או על לוח עץ גדול.

6 מחלקים את הבצק לארבעה חלקים.

7 מרדדים כל חלק של בצק לריבוע של כ-8 אינץ' (20 ס"מ), בעובי של כ-1/8 אינץ' (3 מ"מ). מפזרים על פני השטח קלות קמח כדי למנוע הידבקות.

8 בעזרת סכין חותכים את המאפה ל-4 ריבועים (4 אינץ' או 10 ס"מ) או השתמשו בחותכן עוגיות באותו גודל בערך.

9 מטגנים כל סופילה בשמן חם, כ-15 עד 20 שניות או עד להזהבה מצד אחד. בעזרת מלקחיים או כף מחוררת, הופכים ומבשלים עד להזהבה, בערך 15 עד 20 שניות יותר.

10 בעזרת כף מחוררת מוציאים את הסופפילה ומסננים על נייר סופג.

11 מפזרים סוכר בנדיבות על החלק העליון של הסופפילות החמות.

12 מגישים מוזלפים בדבש.

"קרפים" טורטיות קמח

מכינה 8 קרפים

רכיבים

8 כפות חמאה

8 טורטיות קמח בסיסיות, או קנויות בחנות

1 כוס מסקרפונה מתוקה

2 כוסות Crème Anglaise, Cajeta חם, Dulce de Leche, או רוטב אננס

1 כוס אוכמניות / פטל / תותים / בננות שטופות ומיובשות

קצפת (לא חובה)

אגוז מוסקט טחון (לא חובה)

1 מחממים את התנור ל-300 מעלות צלזיוס (150 מעלות צלזיוס, או סימן גז 2).

2 במחבת קטנה או קרפ על אש נמוכה, ממיסים 1 כף (14 גרם) חמאה. כשהחמאה מבעבעת, בעזרת מלקחיים, מוסיפים 1 טורטייה ומערבלים כדי לצפות צד אחד אחיד בחמאה.

3 הופכים ומצפים את הצד השני בחמאה. הטורטייה צריכה להיות רכה; אל תאפשרו לו להתפרך בחמאה.

4 מניחים את הטורטייה על יריעת נייר כסף גדולה.

5 חזור על הפעולה עם שאר הטורטיות, וערמו אותן זו על גבי זו. כאשר כולם התרככו בחמאה, עוטפים את הטורטיות היטב בנייר כסף ומכניסים לתנור ל-10 דקות.

6 כאשר מוכנים להגשה, מוציאים את הטורטיות מהתנור. מורחים 2 כפות (29 גרם) של מסקרפונה מתוקה באמצע הטורטייה. מגלגלים כמו אנצ'ילדה או מקפלים כמו טאקו. מעל הפרי הרצוי. מטפטפים קרם אנגלה או 1/4 כוס (60 מ"ל) מהרוטב הרצוי. מקציפים כל אחד בקצפת אם רוצים. מפזרים אגוז מוסקט.

22. טורטיית קמח "אמפנדה"

עושה 8 מנות

רכיבים

8 טורטיות קמח קנויות, מחוממות

2 כוסות (480 גרם) מילוי: דלעת, בטטה או תפוח רום

ביצה גדולה טרופה בתוספת כף אחת (15 מ"ל) מים, חלב או שמנת

שמן צמחי, לטיגון עמוק

1 כוס (200 גרם) סוכר

1 כף (7 גרם) קינמון

1 לחמם את הטורטיות לגמישות ולשמור על חום. מניחים טורטייה אחת על קרש חיתוך או צלחת שטוחה. מניחים 1/4 כוס (60 גרם) של מילוי על מרכז הטורטייה.

2 מברישים את תערובת הביצים מסביב לקצה הטורטייה בעזרת מברשת בצק ברוחב 1/2 אינץ' (12 מ"מ).

3 מקפלים את קצוות הטורטיה יחד. השתמש באצבעותיך כדי לרסק יחד, לכווץ את הקצוות. לחלופין, השתמש במזלג כדי להצמיד את הקצוות זה לזה. לביטוח, השתמש בקיסם כדי לאבטח את הקצוות.

4 במטיגון עמוק, במחבת חשמלית או במחבת כבדה על אש בינונית-גבוהה, מחממים לפחות 2 אינץ' (5 ס"מ) של שמן צמחי ל-375°F (190°C).

5 בעזרת כף מחוררת ממתכת מחליקים בזהירות טורטיה "אמפנדה" לתוך השמן החם. מטגנים במשך 45 שניות עד דקה אחת או עד

להזהבה מצד אחד. הופכים ומטגנים בצד השני במשך 30 עד 45 שניות או עד להזהבה.

6 בעזרת כף מרימים את ה"אמפנדה" מהשמן החם, מניחים לעודפי השמן להתנקז בחזרה לסיר. מסננים על נייר סופג. חזור על הפעולה עם שאר האמפנדס עד שהכול מבושלים.

7 מערבבים את הסוכר והקינמון. מפזרים את החלק העליון של ה"אמפנדות" החמות בנדיבות עם סוכר קינמון.

8 מגישים חם או בטמפרטורת החדר.

פריכיות טורטיה קמח סוכר קינמון

עושה 4 מנות

רכיבים

4 טורטיות קמח בסיסיות (6 עד 7 אינץ', או 15 או 18 ס"מ), או שנרכשו בחנות

4 כפות (55 גרם) חמאה, מרוככת או מומסת

1 כוס (200 גרם) סוכר, בתוספת כף אחת (7 גרם) קינמון, מעורבב היטב

מסקרפונה מתוקה

1 כוס (240 גרם) פירות פיקו, סחוט

1 מחממים את התנור ל-350 מעלות צלזיוס (180 מעלות צלזיוס, או סימן גז 4).

2 בעזרת מרית או מברשת גומי, מצפים באופן אחיד צד אחד של כל טורטייה בחמאה עד לקצוות. מסדרים את הטורטיות החמאה בשכבה אחת על תבנית עם נייר אפייה.

3 מכניסים את הטורטיות לתנור ואופים 10 דקות או עד שהם קלויים ופריכים.

4 מוציאים מהתנור ומפזרים בנדיבות על פני כל טורטיה את תערובת הקינמון הסוכר.

5 מגישים כל פריך עם כף מסקרפונה מתוקה או גבינת שמנת.

6 למעלה עם 1/4 כוס (60 גרם) של פירות פיקו.

TOSTADAS

24. טוסטאדאס בסיסי

4 מנות, 2 טוסטאדות כל אחת

רכיבים

8 קליפות טורטייה טוסטדה, מוכנות באחת מהשיטות שתוארו לעיל
1/2 כוס שעועית מחודשת
3/4 כוס מילוי צ'וריסו, תפוחי אדמה וגזר
1 כוס חסה מגוררת
3/4 כוס עגבניות קצוצות
2 כפות גבינת עיזים מגוררת
סלסה

הוראות הגעה

מניחים 2 קליפות טוסטדה על כל אחת מארבע צלחות ומורחים על
כל אחת כ-2 כפות מהשעועית. מעל כמויות שוות של מילוי הצ'וריסו,
תפוחי האדמה והגזר, החסה, העגבניות והגבינה ומגישים עם הסלסה.

למנה

190 קלוריות | 6 גרם חלבון | 20 גרם פחמימות | 6 גרם שומן כולל (
1 גרם רווי) | 5 מ"ג כולסטרול | 5 גרם סיבים | 4 גרם סוכר | 190
מ"ג נתרן

25. **גורדיטאס דה פאפאס**(תפוחי אדמה גורדיטאס)

בערך 16 גורדיטות

רכיבים

14 אונקיות מסה מוכנה לטורטיות, או 1-1/2 כוסות מסקה וכוס אחת ועוד כף מים
9 אונקיות תפוחי אדמה רדומים קלופים (שנשקלים לאחר קילוף), חתוכים לנתחים בגודל 1-1/2 אינץ'
2 כפיות שמן בישול בתוספת ספריי בישול לטיגון הגורדיטס
1/2 כפית מלח
פיקו דה גאלו, או הסלסה האהובה עליך
1/2 כוס גוואקמולי

הוראות הגעה

מכינים את המסה. אם אתם משתמשים במסקה לטורטיות, שימו 1- 1/2 כוסות בקערה בינונית וערבבו פנימה 1 כוס ועוד כף מים עם כף עץ. ללוש את הבצק כ-2 דקות, או עד שהוא חלק למדי, ואז לתת לו לנוח במשך 30 דקות, מכוסה בניילון, כך שהוא יתייבש במלואו. הבצק צריך לשקול כ-14 אונקיות.

מבשלים את תפוחי האדמה ומסיימים את הבצק. מניחים את תפוחי האדמה בסיר, מכסים אותם בכמה סנטימטרים של מים ומבשלים עד שהם ננעצים בקלות עם סכין חיתוך. מסננים את תפוחי האדמה ומכניסים אותם למחית תפוחי אדמה או מועכים אותם היטב. מערבבים פנימה את שמן הבישול והמלח. כדי לסיים את הבצק, שלבו את 14 אונקיות הטורטיה מאסה ותערובת הפירה.

יוצרים את הגורדיטס. טפחו 1-1/2 אונקיות חתיכות מהבצק לעיגולים. הם צריכים להיות בעובי של בין 1/8 ל-1/4 אינץ'. מחממים מחבת טפלון על אש בינונית (בערך 375°F-350° אם יש לך מדחום לייזר). הוסף תרסיס בישול מספיק כדי לצלם את פני השטח ומבשלים את הבצק עד שהוא מתחיל להזהיב בתחתית, כ-4 דקות. הופכים את הגורדיטס ומבשלים עוד 4 דקות מהצד השני. מעליהם מעט פיקו דה גאלו, גוואקמולי, או כמעט כל דבר אחר שאוהבים, ומגישים.

טורטיה עטיפות, בוריטוס וטאקו

26. טורטיית קמח

זמן בישול: 5 דקות

מנות: 10-13

רכיבים

450 גרם קמח לכל מטרה

3 כפות קיצור ירקות קר

1 כפית מלח

2 כפיות אבקת אפיה

375 מ"ל מים

הוראות הגעה

1.מערבבים בקערה קמח, מלח, אבקת אפייה וקיצור ירקות. מערבבים היטב עם הידיים עד שהכל נטמע.

2.מוסיפים מים באיטיות ולשים את הבצק בידיים. קמח צריך לספוג את הנוזל, צריך לקבל בצק חלק.

3.מעצבים את הבצק לכדורים, מניחים אחד אחד לתוך מכבש הטורטיה. לחץ כדי ליצור את הטורטיות.

מחממים מראש מחבת ברזל יצוק על אש בינונית. מוסיפים טורטיות אחת אחת ומבשלים כ-30-40 שניות לכל צד.

27. טורטיות מקמח שקדים

זמן בישול: 5 דקות

מנות: 8

רכיבים

100 גרם קמח שקדים מולבנים טחונים

4 כפות קמח קוקוס

1 כפית קסנטאן מסטיק

1 כפית אבקת אפייה

1/2 כפית מלח

1 ביצה, בטמפרטורת החדר, טרופה

4 כפות מים פושרים

הוראות הגעה

1.מוסיפים לבלנדר ביצה, קמח השקדים, קמח קוקוס, קסנתן גאם, אבקת אפייה, מלח ומים ומעבדים עד לאיחוד. עוטפים את הבצק בניילון נצמד ומכניסים למקרר ל-10 דקות לפחות.

2. מרפדים את שני צידי הטורטיה בנייר פרגמנט או בשקיות זיפלוק. מעצבים את הבצק לכדורים, מניחים אותם אחד אחד לתוך מכבש הטורטייה. לחץ כדי ליצור את הטורטיות.

3.מחממים מראש ברזל יצוק על אש בינונית. מוסיפים טורטיות אחת אחת ומבשלים כ-15-20 שניות לכל צד.

קוזדילות שעועית וחזיר

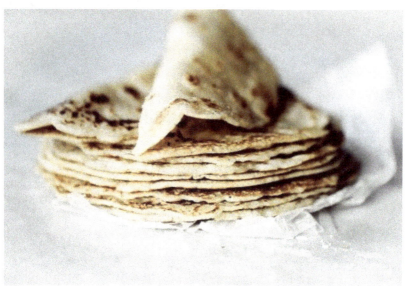

זמן בישול: 5 דקות

מנות: 4

רכיבים

450 גרם קמח לכל מטרה

3 כפות קיצור ירקות קר

1 כפית מלח

2 כפיות אבקת אפיה

375 מ"ל מים

פחית אחת (580 גרם) שעועית אפויה בטעם ברביקיו וחזיר

225 גרם גבינת צ'דר, מגוררת

125 מ"ל שמנת חמוצה

2 כפיות שמן צמחי

הוראות הגעה

1.מערבבים בקערה קמח, מלח, אבקת אפייה וקיצור ירקות. מערבבים היטב עם הידיים עד שהכל נטמע.

2.מוסיפים מים באיטיות ולשים את הבצק בידיים. קמח צריך לספוג את הנוזל, צריך לקבל בצק חלק.

3.מעצבים את הבצק לכדורים, מניחים אחד אחד לתוך מכבש הטורטיה. לחץ כדי ליצור את הטורטיות.

4.מחממים מחבת ברזל יצוק על אש בינונית. מוסיפים טורטיות אחת אחת ומבשלים כ-30-40 שניות לכל צד.

5. יוצקים שעועית לקערה ומועכים בצורה רופפת עם מזלג.

6. מניחים טורטיות על משטח שטוח ומברישים את הקצוות במים, ואז מוסיפים שעועית וגבינה על חצי צד של כל אחד. מקפלים ולוחצים על הקצוות כדי לאטום.

7.מחממים שמן במחבת על אש בינונית-גבוהה ואז מטגנים טורטיה אחת אחרי השנייה כ-3 דקות לכל צד. מניחים להתקרר מעט, מגישים עם שמנת חמוצה

29. קוואסדילה עוף שמנת

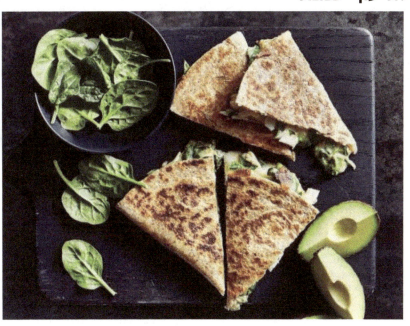

זמן בישול: 15 דקות

מנות: 6

רכיבים

450 גרם קמח לכל מטרה

3 כפות קיצור ירקות קר

1 כפית מלח

2 כפיות אבקת אפיה

375 מ"ל מים

2 קופסאות שימורים נתחי חזה עוף

1 קופסת (300 גרם) שמנת מרוכזת מרק עוף

113 גרם גבינת צ'דר, מגוררת

125 מ"ל שמנת חמוצה

64 גרם סלסה

הוראות הגעה

1. מערבבים בקערה קמח, מלח, אבקת אפייה וקיצור ירקות. מערבבים
היטב עם הידיים עד שהכל נטמע.

2.מוסיפים מים באיטיות ולשים את הבצק בידיים. קמח צריך לספוג את הנוזל, צריך לקבל בצק חלק.

3.מעצבים את הבצק לכדורים, מניחים אחד אחד לתוך מכבש הטורטיה. לחץ כדי ליצור את הטורטיות.

4.מחממים מחבת ברזל יצוק על אש בינונית. מוסיפים טורטיות אחת אחת ומבשלים כ-30-40 שניות לכל צד.

5.מחממים תנור ל-200 C. מערבבים בקערה מרק עוף וחזה עוף עם גבינה.

6. שמור טורטיות על 2 תבניות אפייה ולאחר מכן מברישים את הקצוות במים, ספוג תערובת עוף על חצי צד של כל טורטייה. מקפלים, לוחצים על הקצוות כדי לאטום.

7. אופים במשך 10 דקות; להגיש עם שמנת חמוצה וסלסה.

טורטיות מקמח כוסברה

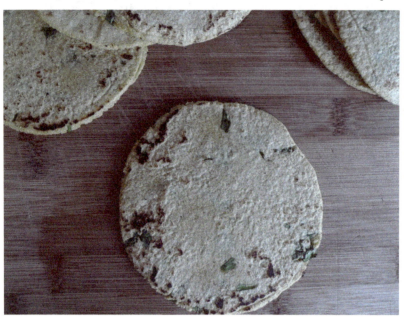

זמן בישול: 15 דקות

מנות: 12

רכיבים

256 גרם כוסברה טרייה, קצוצה

2 כוסות (255 גרם) קמח לכל מטרה

32 גרם שומן חזיר, קצוץ

1 כף שמן צמחי

1 כפית מלח כשר

הוראות הגעה

1. מרתיחים כ- 1. 2. ליטר מים בסיר על אש בינונית . מבשלים את הכוסברה במים במשך דקה. מסננים את הכוסברה ומשאירים $\frac{3}{4}$ כוס מי בישול.

2. מערבבים מי בישול, כוסברה ומלח בבלנדר עד לקבלת מרקם חלק, מצננים.

3. מוסיפים קמח ושומן חזיר לקערה ומערבבים היטב. הוסף שמן צמחי ואז הוסף $\frac{1}{2}$ כוס מי כוסברה ליצירת בצק. מניחים את הבצק על משטח עבודה ולשים 5-7 דקות. נותנים לנוח כ-30 דקות.

4. מעצבים את הבצק לכדורים, מניחים אחד אחד לתוך מכבש הטורטיה. לחץ כדי ליצור את הטורטיות.

5.מחממים מחבת ברזל יצוק על אש בינונית. מוסיפים טורטיות אחת אחת ומבשלים כ-30-40 שניות לכל צד.

31. טורטיות תירס

זמן בישול: 10 דקות

מנות: 15

רכיבים

260 גרם מסה חרינה לטורטיות

250 מ"ל מים חמים

2 כפות מים, בטמפרטורת החדר

הוראות הגעה

1. מערבבים את מסה חרינה ומים חמים בקערה. מכסים ומניחים לנוח כ-30 דקות.

2. ללוש את הבצק, להוסיף מים בטמפרטורת החדר. ללוש עד לקבלת בצק חלק.

3. מרפדים את שני צידי הטורטיה בנייר פרגמנט או בשקיות זיפלוק. מעצבים את הבצק לכדורים, מניחים אותם אחד אחד לתוך מכבש הטורטייה. לחץ כדי ליצור את הטורטיות.

4. מחממים מראש ברזל יצוק על אש בינונית. מוסיפים טורטיות אחת אחת ומבשלים כ-15-20 שניות לכל צד.

32. מחבת בוריטו בקר

זמן בישול: 20 דקות

מנות: 6

רכיבים

450 גרם קמח לכל מטרה

64 גרם תערובת מקסיקנית

3 כפות צ'יז קר, מגורר

קיצור ירקות

32 גרם בצל ירוק, פרוס

1 כפית מלח

128 גרם סלסה

2 כפיות אבקת אפיה

250 מ"ל מים

375 מ"ל מים

125 מ"ל שמנת חמוצה

450 גרם בשר בקר טחון

1 חבילה תיבול טאקו

פחית אחת (425 גרם) שעועית שחורה, שטופה, מרוקן

הוראות הגעה

1.מערבבים בקערה קמח, מלח, אבקת אפייה וקיצור ירקות. מערבבים היטב עם הידיים עד שהכל נטמע.

2.מוסיפים מים באיטיות ולשים את הבצק בידיים. קמח צריך לספוג את הנוזל, צריך לקבל בצק חלק.

3.מעצבים את הבצק לכדורים, מניחים אחד אחד לתוך מכבש הטורטיה. לחץ כדי ליצור את הטורטיות.

4.מחממים מחבת ברזל יצוק על אש בינונית. מוסיפים טורטיות אחת אחת ומבשלים כ-30-40 שניות לכל צד. מצננים מעט וקוצצים.

5מחממים מחבת על אש בינונית-גבוהה ואז מבשלים בשר בקר במשך 9 דקות, תוך ערבוב לעתים קרובות. מוסיפים מים, שעועית, סלסה ותבלין טאקו ואז מבשלים 3 דקות על אש בינונית.

6. מנמיכים את האש לנמוכה ואז מוסיפים טורטיות וגבינה. מסירים מהאש ונותנים לגבינה להימס.

7.מוסיפים בצל ושמנת חמוצה, מגישים חם.

מחבת אנצ'ילדה עוף .

זמן בישול: 10 דקות

מנות: 6

רכיבים

450 גרם קמח לכל מטרה

32 גרם בצל ירוק, פרוס

3 כפות קרות

128 גרם גבינת בלנד מקסיקנית, מגוררת

קיצור ירקות

1 כפית מלח

64 גרם סלסה עבה

2 כפיות אבקת אפיה

125 מ"ל שמנת חמוצה

375 מ"ל מים

65 מ"ל מים

256 גרם עוף מבושל, מגורר

½ כפית כמון טחון

½ כפית אורגנו מיובש

הוראות הגעה

1.מערבבים בקערה קמח, מלח, אבקת אפייה וקיצור ירקות. מערבבים היטב עם הידיים עד שהכל נטמע.

2.מוסיפים מים באיטיות ולשים את הבצק בידיים. קמח צריך לספוג את הנוזל, צריך לקבל בצק חלק.

3.מעצבים את הבצק לכדורים, מניחים אחד אחד לתוך מכבש הטורטיה. לחץ כדי ליצור את הטורטיות.

4.מחממים מחבת ברזל יצוק על אש בינונית. מוסיפים טורטיות אחת אחת ומבשלים כ-30-40 שניות לכל צד. מצננים ופורסים את הטורטיות.

5מוסיפים עוף לאותה מחבת, מוסיפים רוטב, סלסה, מים, כמון ואורגנו. מביאים לרתיחה ומבשלים כ-10 דקות.

6.מוסיפים טורטייה וגבינה. מסירים מהאש. מפזרים את המנה בבצל ומגישים עם שמנת חמוצה.

34. צ'יפס טורטייה

זמן בישול: 15 דקות

מנות: 6 - 8

רכיבים

260 גרם מסה חרינה לטורטיות

250 מ"ל מים חמים

2 כפות מים, בטמפרטורת החדר

שמן קנולה, לטיגון

מלח לטעימה

הוראות הגעה

1.מערבבים את מסה חרינה ומים חמים בקערה. מכסים ומניחים לנוח כ-30 דקות.

2. ללוש את הבצק, להוסיף מים בטמפרטורת החדר. ללוש עד לקבלת בצק חלק.

3. מרפדים את שני צידי הטורטיה בנייר פרגמנט או בשקיות זיפלוק. מעצבים את הבצק לכדורים, מניחים אותם אחד אחד לתוך מכבש הטורטייה. לחץ כדי ליצור את הטורטיות.

4.מחממים מראש ברזל יצוק על אש בינונית. מוסיפים טורטיות אחת אחת ומבשלים כ-15-20 שניות לכל צד. מצננים וחותכים למשולשים.

5. מחממים שמן במחבת ל-F 350. מניחים רשת על תבנית אפייה.

6. מטגנים טורטיות בשמן בקבוצות במשך דקה.

7. בסיום, מעבירים לרשת ומתבלים במלח בעודם חמים. מצננים ומגישים.

אפל טאקיטוס .

זמן בישול: 15 דקות

מנות: 12

רכיבים

450 גרם קמח לכל מטרה

3 כפות קיצור ירקות קר

1 כפית מלח

2 כפיות אבקת אפיה

375 מ"ל מים

1 פחית (560 גרם) מילוי פאי תפוחים, קצוץ

32 גרם חמאה, מומסת

1 כפית קינמון

64 גרם סוכר

הוראות הגעה

1.מערבבים בקערה קמח, מלח, אבקת אפייה וקיצור ירקות. מערבבים היטב עם הידיים עד שהכל נטמע.

2.מוסיפים מים באיטיות ולשים את הבצק בידיים. קמח צריך לספוג את הנוזל, צריך לקבל בצק חלק.

3.מעצבים את הבצק לכדורים, מניחים אחד אחד לתוך מכבש הטורטיה. לחץ כדי ליצור את הטורטיות.

4.מחממים מחבת ברזל יצוק על אש בינונית. מוסיפים טורטיות אחת אחת ומבשלים כ-30-40 שניות לכל צד.

5.מחממים תנור ל-176 *C*. מברישים תבנית עם נייר אפייה בחמאה. מערבבים בקערה קינמון וסוכר.

6 מניחים טורטיות על משטח שטוח, ומעל כל אחת מהן 2 כפות מילוי של עוגת תפוחים ומגלגלים. מברישים טורטיות בחמאה ואז טובלים כל אחת בתערובת קינמון. מניחים על תבנית האפייה ואופים 15 דקות.

36. פשטידת טורטיה עוף מחבת

זמן בישול: שעה

מנות: 12

רכיבים

520 גרם מסה חרינה לטורטיות

500 מ"ל מים חמים

4 כפות מים, בטמפרטורת החדר

900 גרם חזה עוף ללא עצמות, מעור

400 גרם גבינת מוצרלה, מגוררת

2 כפות תיבול טאקו

בשביל הרוטב

מרק עוף 375 מ"ל

2 קופסאות שימורים (800 גרם) עגבניות חתוכות לקוביות

1 בצל צהוב, קצוץ

4 שיני שום, קצוצות

2 כפות שמן

2 כפיות אבקת צ'ילי

1 כפית אורגנו

2 כפיות כמון

1 $\frac{1}{2}$ כפיות מלח

הוראות הגעה

1.מערבבים את מסה חרינה ומים חמים בקערה. מכסים ומניחים לנוח כ-30 דקות.

2. ללוש את הבצק, להוסיף מים בטמפרטורת החדר. ללוש עד לקבלת בצק חלק.

3. מרפדים את שני צידי הטורטיה בנייר פרגמנט או בשקיות זיפלוק. מעצבים את הבצק לכדורים, מניחים אותם אחד אחד לתוך מכבש הטורטייה. לחץ כדי ליצור את הטורטיות.

4.מחממים מראש ברזל יצוק על אש בינונית. מוסיפים טורטיות אחת אחת ומבשלים כ-15-20 שניות לכל צד.

5.מחממים שמן במחבת על אש בינונית-גבוהה ומטגנים בצל כ-5-7 דקות. מנמיכים את האש לנמוכה ומוסיפים כמון, אבקת צ'ילי, שום, אורגנו ומלח, מטגנים 3 דקות.

6.מוסיפים עגבניות ומרק עוף, מביאים הכל לרתיחה. . מבשלים כ-7 דקות. טוחן עם בלנדר.

7. מתבלים חזה עוף במלח, מוסיפים שמן למחבת ומבשלים עוף על אש בינונית-נמוכה עד ששני הצדדים משחים. מוסיפים את הרוטב ומרתיחים 8 דקות. מוציאים את העוף מהמחבת וקוצצים.

8.מחממים תנור ל-176 *C*. מכינים תבנית אפייה, מניחים על התבנית 5 טורטיות טבולות ברוטב.

9. הוסף בערך 1 כף גבינה, 1 כף עוף ו-$\frac{3}{4}$ כוס רוטב. חזור על השכבות. מכינים 2 פשטידות.

10.מכסים את הפשטידות בנייר כסף ואופים 25 דקות.

37. טורטיה פרנץ' טוסט

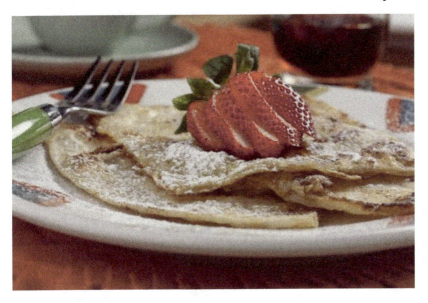

זמן בישול: 5 דקות

מנות: 4

רכיבים

ביצה 1

65 מ"ל חלב

100 גרם קמח שקדים מולבנים טחונים

1 כף חמאה ללא מלח

1 כף תמצית וניל

4 כפות קמח קוקוס

32 גרם סוכר

1 כפית קסנטאן מסטיק

1 כפית קינמון טחון

1 כפית אבקת אפייה

1/2 כפית מלח

1 ביצה, בטמפרטורת החדר, טרופה

4 כפות מים פושרים

הוראות הגעה

1.מוסיפים לבלנדר ביצה, קמח השקדים, קמח קוקוס, קסנתן גאם, אבקת אפייה, מלח ומים ומעבדים עד לאיחוד. עוטפים את הבצק בניילון נצמד ומכניסים למקרר ל-10 דקות לפחות.

2. מרפדים את שני צידי הטורטיה בנייר פרגמנט או בשקיות זיפלוק. מעצבים את הבצק לכדורים, מניחים אותם אחד אחד לתוך מכבש הטורטייה. לחץ כדי ליצור את הטורטיות.

3.מחממים מראש ברזל יצוק על אש בינונית. מוסיפים טורטיות אחת אחת ומבשלים כ-15-20 שניות לכל צד.

4.טורפים בקערה ביצה, וניל וחלב. . מערבבים סוכר וקינמון בקערה נפרדת.

5.מחממים מחבת על אש בינונית ומברישים בחמאה.

6. טובלים טורטיות בתערובת ביצים, מטגנים עד ששני הצדדים מזהיבים.

7.מגלגלים מעל סוכר קינמון, מקפלים ומגישים.

טאקו בקר קוריאני

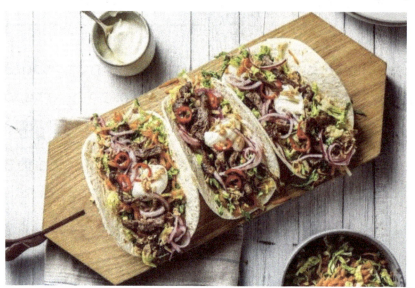

זמן בישול: 10 דקות

מנות: 12

רכיבים

450 גרם קמח לכל מטרה

1 כף טרי

3 כפות קיצור ירקות קר

ג'ינג'ר, קצוץ

¼ כוס רוטב סויה

1 כפית מלח

¼ כוס סוכר חום

2 כפיות אבקת אפיה

¼ כוס מים חמים

375 מ"ל מים

1 כפית פלפל שחור

1½ ק"ג סטייק בקר, פרוס

בשביל הרוטב:

1 כרוב סגול, מגורר

1/3 כוס שמנת חמוצה

1 אבוקדו, פרוס

¼ כוס מאיו

1/3 צרור כוסברה, קצוץ

1 כפית רוטב סרירצ'ה

למרינדה:

1 כפית אבקת שום

4 כפות שמן שומשום

2 כפות מיץ ליים

4 שיני שום, קצוצות

הוראות הגעה

1.מערבבים בקערה קמח, מלח, אבקת אפייה וקיצור ירקות. מערבבים היטב עם הידיים עד שהכל נטמע.

2.מוסיפים מים באיטיות ולשים את הבצק בידיים. קמח צריך לספוג את הנוזל, צריך לקבל בצק חלק.

3.מעצבים את הבצק לכדורים, מניחים אחד אחד לתוך מכבש הטורטיה. לחץ כדי ליצור את הטורטיות.

4.מחממים מחבת ברזל יצוק על אש בינונית. מוסיפים טורטיות אחת אחת ומבשלים כ-30-40 שניות לכל צד.

5.מערבבים את כל מרכיבי הרוטב בקערה ומוסיפים פרוסות בקר. לזרוק היטב לציפוי, לכסות ולהכניס למקרר ל-4 שעות לפחות.

6.מחממים שמן במחבת על אש בינונית. . מוסיפים בשר ומבשלים -7 8 דקות עד שהבשר משחים מכל הצדדים.

7.מחממים מחבת נפרדת על אש בינונית ומניחים טורטיות על המחבת, מחממים והופכים לצד השני.

8.מערבבים את כל מרכיבי הרוטב בקערה.

9.מניחים את תערובת הבקר מעל כל טורטייה, מוסיפים מעל כרוב, אבוקדו וכוסברה, מזלפים רוטב טאקו ומגישים.

עוף ופובלנו צ' ילקילס

זמן בישול: 45 דקות

מנות: 2

רכיבים

450 גרם קמח לכל מטרה

3 כפות קיצור ירקות קר

1 כפית מלח

2 כפיות אבקת אפיה

375 מ"ל מים

2 חזה עוף, מבושלים, מגוררים

2 שיני שום, קצוצות

1 אבוקדו, פרוס

1 צרור כוסברה

1 ליים, מיץ

1 פלפל פובלנו, קצוץ

1 שאלוט, קצוץ

1 בצל אדום, קצוץ

חצי ראש אסקרול, קצוץ

1 קופסה (225 גרם) רוטב עגבניות

2 כפות תערובת תבלינים מקסיקנית

56 גרם פרסקו queso

הוראות הגעה

1.מערבבים בקערה קמח, מלח, אבקת אפייה וקיצור ירקות. מערבבים היטב עם הידיים עד שהכל נטמע.

2.מוסיפים מים באיטיות ולשים את הבצק בידיים. קמח צריך לספוג את הנוזל, צריך לקבל בצק חלק.

3.מעצבים את הבצק לכדורים, מניחים אחד אחד לתוך מכבש הטורטיה. לחץ כדי ליצור את הטורטיות.

4.מחממים מחבת ברזל יצוק על אש בינונית. מוסיפים טורטיות אחת אחת ומבשלים כ-30-40 שניות לכל צד.

5.מחממים תנור ל-200 C. חותכים את הטורטיות לרצועות ומורחים על תבנית האפייה. אופים במשך 15 דקות.

6.מחממים שמן במחבת על אש בינונית. מוסיפים בצל, פלפל ושום, מבשלים כ-2-3 דקות.

7.מוסיפים רוטב עגבניות, עוף, כוסברה, תבלינים וכ-125 מ"ל מים. מבשלים כ-10 דקות.

8.מערבבים בקערה מיץ ליים, כ-2 כפות שמן ובצל שאלוט. מוסיפים למחבת רצועות טורטייה ותערובת שאלוט ומערבבים לאיחוד.

9.מגישים עם אבוקדו וכוסברה.

40. טאקו סרטנים טריים

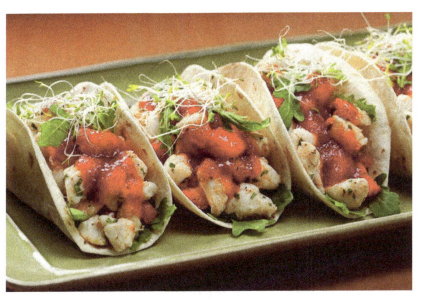

זמן בישול: 15 דקות

מנות: 4

רכיבים

450 גרם קמח לכל מטרה

2 עגבניות, קצוצות

3 כפות קיצור ירקות קר

2 צנוניות חתוכות לקוביות

½ בצל אדום, קצוץ

1 כפית מלח

1 פלפל חריף, חתוך לקוביות

2 כפיות אבקת אפיה

1 ג'לפנו, קצוץ

375 מ"ל מים

32 גרם כוסברה טרייה, קצוצה

225 גרם בשר סרטנים

2 כפיות סרירצ'ה

3 כפות שמן זית

מלח לטעימה

1 כף מיץ ליים

1 כף נענע טרייה, קצוצה

הוראות הגעה

1.מערבבים בקערה קמח, מלח, אבקת אפייה וקיצור ירקות. מערבבים היטב עם הידיים עד שהכל נטמע.

2.מוסיפים מים באיטיות ולשים את הבצק בידיים. קמח צריך לספוג את הנוזל, צריך לקבל בצק חלק.

3.מעצבים את הבצק לכדורים, מניחים אחד אחד לתוך מכבש הטורטיה. לחץ כדי ליצור את הטורטיות.

4.מחממים מחבת ברזל יצוק על אש בינונית. מוסיפים טורטיות אחת אחת ומבשלים כ-30-40 שניות לכל צד.

5.מערבבים בקערה עגבניות, צנוניות, בצל אדום, 2 כפות כוסברה וסרירצ'ה. מתבלים במלח ומערבבים היטב.

6. בקערה נפרדת מערבבים ג'לפניו, פלפלים, שמן זית, מיץ ליים, נענע ושארית הכוסברה. מוסיפים בשר סרטנים ומתבלים במלח, מערבבים היטב לאיחוד.

7. מעל כל טורטייה את תערובת בשר הסרטנים ומעליה סלסה. לְשָׁרֵת.

טאקו קינוח אפרסקים ושמנת

זמן בישול: 15 דקות

מנות: 6

רכיבים

450 גרם קמח לכל מטרה

3 כפות קיצור ירקות קר

1 כפית מלח

2 כפיות אבקת אפיה

375 מ"ל מים

2 אפרסקים בשלים, פרוסים

113 גרם גבינת שמנת

1 כפית תמצית וניל

128 גר' אבקת סוכר

1 $\frac{1}{2}$ כפיות שמנת כבדה

הוראות הגעה

1.מערבבים בקערה קמח, מלח, אבקת אפייה וקיצור ירקות. מערבבים היטב עם הידיים עד שהכל נטמע.

2.מוסיפים מים באיטיות ולשים את הבצק בידיים. קמח צריך לספוג את הנוזל, צריך לקבל בצק חלק.

3.מעצבים את הבצק לכדורים, מניחים אחד אחד לתוך מכבש הטורטיה. לחץ כדי ליצור את הטורטיות.

4.מחממים מחבת ברזל יצוק על אש בינונית. מוסיפים טורטיות אחת אחת ומבשלים כ-30-40 שניות לכל צד.

5. טורפים גבינת שמנת בקערה. מוסיפים וניל ומערבבים היטב.

6.מוסיפים אבקת סוכר ומקציפים היטב. מוסיפים שמנת ומערבבים שוב.

7. מורחים את התערובת על הטורטיות ומעליה אפרסקים. לְשָׁרֵת.

42. ארוחת בוקר בוריטו

זמן בישול: 15 דקות

מנות: 4

רכיבים

450 גרם קמח לכל מטרה

3 כפות קיצור ירקות קר

1 כפית מלח

2 כפיות אבקת אפיה

375 מ"ל מים

4 ביצים

2 חלבוני ביצה

$\frac{1}{2}$ בצל אדום, חתוך לקוביות

1 פלפל חריף, חתוך לקוביות

1 עגבנייה, חתוכה לקוביות

1 אבוקדו, חתוך לקוביות

1 כוס שעועית שחורה משומרת, שטופה, מרוקן

1/3 כוס גבינת פפר ג'ק, מגוררת

$\frac{1}{4}$ כוס סלסה

$\frac{1}{4}$ כפית פתיתי צ'ילי

מלח ופלפל לפי הטעם

הוראות הגעה

1.מערבבים בקערה קמח, מלח, אבקת אפייה וקיצור ירקות. מערבבים היטב עם הידיים עד שהכל נטמע.

2.מוסיפים מים באיטיות ולשים את הבצק בידיים. קמח צריך לספוג את הנוזל, צריך לקבל בצק חלק.

3.מעצבים את הבצק לכדורים, מניחים אחד אחד לתוך מכבש הטורטיה. לחץ כדי ליצור את הטורטיות.

4.מחממים מחבת ברזל יצוק על אש בינונית. מוסיפים טורטיות אחת אחת ומבשלים כ-30-40 שניות לכל צד.

5.מחממים מחבת ללא מחבת על אש בינונית. מוסיפים בצל ופלפל ומטגנים כ-6-8 דקות.

6.מוסיפים שעועית שחורה ופתיתי צ'ילי, מבשלים 3 דקות. מתבלים במלח ופלפל.

7. טורפים ביצים וחלבונים יחד בקערה. מוסיפים גבינה.

8.מוסיפים ביצים למחבת ומנמיכים את האש לנמוכה. . טורפים עד שהביצים מוכנות, כ-3-4 דקות.

9. מעל כל טורטייה סלסה, תערובת שעועית שחורה, תערובת ביצים טרופות, עגבנייה ואבוקדו.

10. מגלגלים לבוריטו ומגישים.

אנצ׳ ילדות עוף צ׳ילי ירוק

זמן בישול: 30 דקות

מנות: 4

רכיבים

260 גרם מסה חרינה לטורטיות

250 מ"ל מים חמים

2 כפות מים, בטמפרטורת החדר

12 גרם חזה עוף ללא עצמות, מבושל

1/2 כוס מרק גבינת צ'דר בהירה

1 1/4 כוסות שמנת קלה של מרק עוף

1/4 כוס צ'ילי ירוק, קצוץ

9 טורטיות תירס לבן

3/4 כוס גבינת מוצרלה מופחתת שומן, מגוררת

הוראות הגעה

1מערבבים את מסה חרינה ומים חמים בקערה. מכסים ומניחים לנוח כ-30 דקות.

2. ללוש את הבצק, להוסיף מים בטמפרטורת החדר. ללוש עד לקבלת בצק חלק.

3. מרפדים את שני צידי הטורטיה בנייר פרגמנט או בשקיות זיפלוק. מעצבים את הבצק לכדורים, מניחים אותם אחד אחד לתוך מכבש הטורטייה. לחץ כדי ליצור את הטורטיות.

4.מחממים מראש ברזל יצוק על אש בינונית. מוסיפים טורטיות אחת אחת ומבשלים כ-15-20 שניות לכל צד.

5.מחממים תנור ל-176 מעלות צלזיוס. מכינים תבנית אפייה ומצפים אותה בספריי בישול.

6.מערבבים בקערה עוף, מרקים, צ'ילי, מלח ופלפל.

7. שכבו טורטיות, תערובת עוף וגבינה בתבנית האפייה.

8. אופים 30 דקות ומגישים.

44. מרק טורטיה מקסיקני

זמן בישול: 30 דקות

מנות: 6

רכיבים

260 גרם מסה חרינה לטורטיות

250 מ"ל מים חמים

2 כפות מים, בטמפרטורת החדר

2 קופסאות שימורים (396 גרם כל אחת) מרק עוף ללא שומן, פחות נתרן

1 קופסה (396 גרם) עגבניות חתוכות לקוביות, לא מסוקנות

340 גרם חזה עוף, ללא עור, ללא עצמות, חתוך לקוביות

2 כפיות שמן זית

1 בצל, קצוץ

1 פלפל חריף, קצוץ

2 שיני שום, קצוצות

3/4 כפית כמון טחון

3/4 כפית אבקת צ'ילי

50 גרם כוסברה טרייה, קצוצה

64 גרם גבינת בלנד מקסיקנית מופחתת שומן, מגוררת

1 ליים חתוך לקוביות

מלח, פלפל, לפי הטעם

הוראות הגעה

1מערבבים את מסה חרינה ומים חמים בקערה. מכסים ומניחים לנוח כ-30 דקות.

2. ללוש את הבצק, להוסיף מים בטמפרטורת החדר. ללוש עד לקבלת בצק חלק.

3. מרפדים את שני צידי הטורטיה בנייר פרגמנט או בשקיות זיפלוק. מעצבים את הבצק לכדורים, מניחים אותם אחד אחד לתוך מכבש הטורטייה. לחץ כדי ליצור את הטורטיות.

4.מחממים מראש ברזל יצוק על אש בינונית. מוסיפים טורטיות אחת אחת ומבשלים כ-15-20 שניות לכל צד.

5.מחממים תנור ל-200 C. חותכים את הטורטיות לרצועות ומורחים על תבנית האפייה. אופים במשך 15 דקות.

6.מחממים שמן בסיר על אש בינונית. מוסיפים עוף ומבשלים כ-3-4 דקות. מעבירים לצלחת.

7.מוסיפים לסיר בצל, פלפל ושום ומבשלים 5 דקות . מוסיפים אבקת צ'ילי, כמון, מלח, פלפל, עגבניות ומרק, מערבבים היטב לאיחוד.

8. מביאים הכל לרתיחה. מנמיכים את האש לנמוכה ומבשלים כ-5 דקות.

9.מוסיפים עוף ומבשלים 3 דקות. מגישים בתוספת טורטיות, גבינה וליים.

45. סביצ׳ה דה קמרון

זמן בישול: 15 דקות

מנות: 6

רכיבים

450 גרם קמח לכל מטרה

64 גרם בצל אדום קצוץ

3 כפות קיצור ירקות קר

1 סרנו צ'ילי, טחון

64 גרם כוסברה, קצוצה

1 כפית מלח

1 אבוקדו, קלוף,

2 כפיות אבקת אפיה

375 מ"ל מים

130 גרם עגבניות חתוכות לקוביות

450 גרם שרימפס בינוני, קלוף ומפורק

2 כפות שמן זית כתית מעולה

125 מ"ל מיץ ליים

מלח לטעימה

125 מ"ל מיץ לימון

הוראות הגעה

1.מערבבים בקערה קמח, מלח, אבקת אפייה וקיצור ירקות. מערבבים היטב עם הידיים עד שהכל נטמע.

2.מוסיפים מים באיטיות ולשים את הבצק בידיים. קמח צריך לספוג את הנוזל, צריך לקבל בצק חלק.

3.מעצבים את הבצק לכדורים, מניחים אחד אחד לתוך מכבש הטורטיה. לחץ כדי ליצור את הטורטיות.

4.מחממים מחבת ברזל יצוק על אש בינונית. מוסיפים טורטיות אחת אחת ומבשלים כ-30-40 שניות לכל צד.

5.מוסיפים כ-2 ליטר מים לסיר ומביאים לרתיחה. מתבלים במלח ומוסיפים שרימפס, מבשלים כ-3 דקות. מסננים ומייבשים.

6. קוצצים את השרימפס ומערבבים עם מיץ ליים, מיץ לימון, צ'ילי ובצל אדום. מכסים ומכניסים למקרר למשך כשעה.

7.מערבבים בקערה אבוקדו, עגבנייה, כוסברה ושמן. מתבלים במלח.

8. מעל כל טורטייה תערובת אבוקדו ותערובת שרימפס. לְשָׁרֵת.

Huevos Rancheros .

זמן בישול: 25 דקות

מנות: 4

רכיבים

450 גרם קמח לכל מטרה

1 פלפל ג'לפנו, קצוץ

3 כפות קיצור ירקות קר

140 גרם צ'וריסוס, מארזים הוסרו, חתוכים לקוביות

1 כפית מלח

שמן בישול

2 כפיות אבקת אפיה

1 קופסת שעועית מחודשת (450 גרם).

375 מ"ל מים

4 ביצים

1 קופסת שימורים (425 גרם) עגבניות שלמות קלופות, קלופות וחתוכים לקוביות שלא מנוזלות

1 אבוקדו, מגולענים,

32 גרם כוסברה, קצוצה

85 גרם queso fresco, מפוררים

32 גרם בצל צהוב חתוך לקוביות

1/2 כפית מלח

1 שן שום, קלופה ומרוסקת

הוראות הגעה

1.מערבבים בקערה קמח, מלח, אבקת אפייה וקיצור ירקות. מערבבים היטב עם הידיים עד שהכל נטמע.

2.מוסיפים מים באיטיות ולשים את הבצק בידיים. קמח צריך לספוג את הנוזל, צריך לקבל בצק חלק.

3.מעצבים את הבצק לכדורים, מניחים אחד אחד לתוך מכבש הטורטיה. לחץ כדי ליצור את הטורטיות.

4.מחממים מחבת ברזל יצוק על אש בינונית. מוסיפים טורטיות אחת אחת ומבשלים כ-30-40 שניות לכל צד.

5מוסיפים עגבניות, בצל, כוסברה, שום, ג'לפנו ומלח ומערבבים עד לקבלת מרקם חלק. יוצקים למחבת ומניחים על אש בינונית. מבשלים כ-10 דקות.

6מבשלים צ'וריסו במחבת נפרדת עד להשחמה. מוסיפים שעועית ומבשלים 1-2 דקות.

7. מורחים את התערובת על הטורטיות. פורצים ביצים למחבת ומבשלים עד להתייצבות. מוסיפים על גבי טורטיות.

8. מגישים עם רוטב, אבוקדו, גבינה וכוסברה.

47. **מיגאס**

זמן בישול: 25 דקות

מנות: 4

רכיבים

450 גרם קמח לכל מטרה

3 כפות קיצור ירקות קר

1 כפית מלח

2 כפיות אבקת אפיה

375 מ"ל מים

4 ביצים, טרופים

שמן

מלח, פלפל, לפי הטעם

הוראות הגעה

1.מערבבים בקערה קמח, מלח, אבקת אפייה וקיצור ירקות. מערבבים היטב עם הידיים עד שהכל נטמע.

2.מוסיפים מים באיטיות ולשים את הבצק בידיים. קמח צריך לספוג את הנוזל, צריך לקבל בצק חלק.

3.מעצבים את הבצק לכדורים, מניחים אחד אחד לתוך מכבש הטורטיה. לחץ כדי ליצור את הטורטיות.

4.מחממים מחבת ברזל יצוק על אש בינונית. מוסיפים טורטיות אחת אחת ומבשלים כ-30-40 שניות לכל צד.

5.מחממים תנור ל-200 C. חותכים את הטורטיות לרצועות ומורחים על תבנית האפייה. אופים במשך 15 דקות.

6.מחממים שמן במחבת על אש בינונית. מוסיפים רצועות טורטייה ומערבבים 1-2 דקות.

7.מוסיפים ביצים, מלח ופלפל ומבשלים עד שהביצים מבושלות, תוך ערבוב לעתים קרובות. לְשָׁרֵת.

. קינוח נאצ'וס

זמן בישול: 10 דקות

מנות: 8

רכיבים

450 גרם קמח לכל מטרה

1 כף קינמון

3 כפות קיצור ירקות קר

250 מ"ל רוטב קרמל

170 גר' שוקולד צ'יפס

1 כפית מלח

170 גר' שוקולד לבן מגורר

2 כפיות אבקת אפיה

125 מ"ל שמנת כבדה

375 מ"ל מים

128 גרם אגוזי פקאן, קצוצים

32 גרם סוכר

הוראות הגעה

1.מערבבים בקערה קמח, מלח, אבקת אפייה וקיצור ירקות. מערבבים היטב עם הידיים עד שהכל נטמע.

2.מוסיפים מים באיטיות ולשים את הבצק בידיים. קמח צריך לספוג את הנוזל, צריך לקבל בצק חלק.

3.מעצבים את הבצק לכדורים, מניחים אחד אחד לתוך מכבש הטורטיה. לחץ כדי ליצור את הטורטיות.

4.מחממים מחבת ברזל יצוק על אש בינונית. מוסיפים טורטיות אחת אחת ומבשלים כ-30-40 שניות לכל צד. חותכים כל טורטייה לפרוסות.

5.מערבבים בקערה קינמון וסוכר. טובלים כל טורטייה בתערובת ומצפים מכל הצדדים.

6. מניחים טורטיות בתבנית האלומיניום החד פעמית. מוסיפים שוקולד צ'יפס ורוטב קרמל ומפזרים אגוזי פקאן ושוקולד.

7.מניחים לתוך המחבת ומניחים על הגריל, מחממים מראש לבינוני. מבשלים כ-3-4 דקות לְשָׁרֵת.

49. סלט טאקו עוף עם רצועות טורטייה

זמן בישול: 20 דקות

מנות: 8

רכיבים

450 גרם קמח לכל מטרה

2 פלפלים, פרוסים

3 כפות קיצור ירקות קר

1/2 בצל אדום, פרוס

עלי חסה ירוקים

1 כפית מלח

עבור ההלבשה:

2 כפיות אבקת אפיה

1 אבוקדו

375 מ"ל מים

82 מ"ל שמן זית

675 גרם חזה עוף, פרוס

82 מ"ל חומץ תפוחים

1 כף שמן זית

65 מ"ל מים

1 חבילת תיבול טאקו

2 כפות כוסברה טרייה

82 מ"ל מים

מלח, פלפל, לפי הטעם

128 גרם תירס מתוק

הוראות הגעה

1.מערבבים בקערה קמח, מלח, אבקת אפייה וקיצור ירקות. מערבבים היטב עם הידיים עד שהכל נטמע.

2.מוסיפים מים באיטיות ולשים את הבצק בידיים. קמח צריך לספוג את הנוזל, צריך לקבל בצק חלק.

3.מעצבים את הבצק לכדורים, מניחים אחד אחד לתוך מכבש הטורטיה. לחץ כדי ליצור את הטורטיות.

8.מחממים מחבת ברזל יצוק על אש בינונית. מוסיפים טורטיות אחת אחת ומבשלים כ-30-40 שניות לכל צד.

4.מחממים תנור ל-*C* 200. חותכים את הטורטיות לרצועות ומורחים על תבנית האפייה. אופים במשך 15 דקות.

5.מוסיפים את כל מרכיבי הרוטב לבלנדר ומקפיצים עד לקבלת מרקם חלק.

6.מערבבים את כל מרכיבי הסלט בקערה, מעליהם רצועות טורטייה ורוטב, מגישים.

מעטפת חומוס שחורה

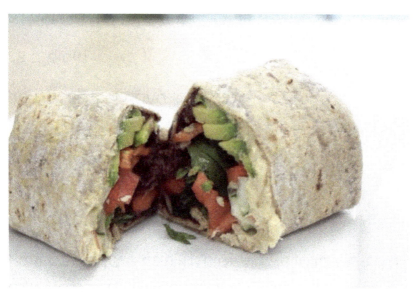

זמן בישול: 15 דקות

מנות: 4

רכיבים

450 גרם קמח לכל מטרה

1 פלפל חריף, קצוץ

3 כפות קיצור ירקות קר

113 גרם פטריות פרוסות

128 גרם תרד טרי

1 כפית מלח

1 כף שמן זית

2 כפיות אבקת אפיה

64 גרם תירס, שטוף ומרוקן

375 מ"ל מים

½ קופסת שעועית שחורה, שטופה ומרוקנת

130 גרם חומוס

½ אבוקדו, קצוץ

1 פובלנו צלוי

1 בצל, פלפל קצוץ, קצוץ

הוראות הגעה

1.מערבבים בקערה קמח, מלח, אבקת אפייה וקיצור ירקות. מערבבים היטב עם הידיים עד שהכל נטמע.

2.מוסיפים מים באיטיות ולשים את הבצק בידיים. קמח צריך לספוג את הנוזל, צריך לקבל בצק חלק.

3.מעצבים את הבצק לכדורים, מניחים אחד אחד לתוך מכבש הטורטיה. לחץ כדי ליצור את הטורטיות.

4.מחממים מחבת ברזל יצוק על אש בינונית. מוסיפים טורטיות אחת אחת ומבשלים כ-30-40 שניות לכל צד.

5.מחממים תנור ל-220 מעלות צלזיוס מכינים תבנית אפייה ומרפדים בנייר אפייה.

6.מחממים שמן במחבת על אש בינונית. מוסיפים בצל ומטגנים כ--2 3 דקות.

7.מוסיפים פטריות ותירס ומבשלים כ-2 דקות נוספות.

8.מורחים את החומוס מעל כל טורטייה. מעל תערובת ירקות, אבוקדו, תרד, שעועית ופלפל פובלנו.

9. מגלגלים לאריזות ומניחים על תבנית האפייה. אופים במשך 8-10 דקות.

51. טאקו טבעוני

זמן בישול: 15 דקות

מנות: 6

רכיבים

260 גרם מסה חרינה לטורטיות

250 מ"ל מים חמים

2 כפות מים, בטמפרטורת החדר

הוראות הגעה

1.מערבבים את מסה חרינה ומים חמים בקערה. מכסים ומניחים לנוח כ-30 דקות.

2. ללוש את הבצק, להוסיף מים בטמפרטורת החדר. ללוש עד לקבלת בצק חלק.

3. מרפדים את שני צידי הטורטיה בנייר פרגמנט או בשקיות זיפלוק. מעצבים את הבצק לכדורים, מניחים אותם אחד אחד לתוך מכבש הטורטייה. לחץ כדי ליצור את הטורטיות.

4.מחממים מראש ברזל יצוק על אש בינונית. מוסיפים טורטיות אחת אחת ומבשלים כ-15-20 שניות לכל צד.

5.מחממים שמן במחבת על אש בינונית. מוסיפים בצל וג'לפנו ומטגנים כ-5 דקות.

6.מוסיפים שעועית עם הנוזל לסיר ומבשלים כ-2-3 דקות על אש בינונית, תוך ערבוב לעיתים קרובות.

7.מורחים את השעועית על כל טורטייה, מוסיפים צ'וריסו ומעליו מוסיפים תערובת ג'לפנו בצל. מגישים בתוספת כוסברה.

טאקו בטטה אבוקדו ושעועית שחורה

זמן בישול: 25 דקות

מנות: 6

רכיבים

260 גרם מסה חרינה לטורטיות

250 מ"ל מים חמים

2 כפות מים

790 גרם בטטות, מקורצפות וחתוכה לקוביות

1 כף שמן זית

1 כפית אבקת צ'ילי

1 קופסת (400 גרם) שעועית שחורה ללא מלח, שטופה ומרוקנת

125 מ"ל סלסה ורדה

1 אבוקדו, פרוס דק

32 גרם גבינת פטה מפוררת

כוסברה קצוצה, להגשה

הוראות הגעה

1. מערבבים את מסה חרינה ומים חמים בקערה. מכסים ומניחים לנוח
כ-30 דקות.

2. ללוש את הבצק, להוסיף מים בטמפרטורת החדר. ללוש עד לקבלת בצק חלק.

3. מרפדים את שני צידי הטורטיה בנייר פרגמנט או בשקיות זיפלוק. מעצבים את הבצק לכדורים, מניחים אותם אחד אחד לתוך מכבש הטורטייה. לחץ כדי ליצור את הטורטיות.

4.מחממים מראש ברזל יצוק על אש בינונית. מוסיפים טורטיות אחת אחת ומבשלים כ-15-20 שניות לכל צד.

5.מחממים תנור ל-C 220.

6. זורקים בטטות עם שמן זית, אבקת צ'ילי ומלח. . מניחים את תפוחי האדמה על תבנית עם נייר אפייה וצולים 30 דקות.

7.מערבבים שעועית שחורה עם סלסה ורדה בסיר. מבשלים על אש בינונית במשך 3-4 דקות, תוך ערבוב לעתים קרובות.

8.מגישים תפוחי אדמה, שעועית עם אבוקדו על גבי טורטיות, מעל פטה וכוסברה.

53. בוריטוס בייקון, ביצה ופטריות

זמן בישול: 25 דקות

מנות: 6

רכיבים

450 גרם קמח לכל מטרה

12 ביצים טרופה

3 כפות קיצור ירקות קר

6 פרוסות בייקון, מבושלות

1 כף שמן

1 כפית מלח

113 גרם פטריות כפתור, פרוסות

2 כפיות אבקת אפיה

113 גרם ארוגולה

375 מ"ל מים

מלח, פלפל, לפי הטעם

הוראות הגעה

1.מערבבים בקערה קמח, מלח, אבקת אפייה וקיצור ירקות. מערבבים
היטב עם הידיים עד שהכל נטמע.

2.מוסיפים מים באיטיות ולשים את הבצק בידיים. קמח צריך לספוג את הנוזל, צריך לקבל בצק חלק.

3.מעצבים את הבצק לכדורים, מניחים אחד אחד לתוך מכבש הטורטיה. לחץ כדי ליצור את הטורטיות.

4.מחממים מחבת ברזל יצוק על אש בינונית. מוסיפים טורטיות אחת אחת ומבשלים כ-30-40 שניות לכל צד.

5.מחממים שמן במחבת על אש בינונית. מוסיפים פטריות ומבשלים כ-2 דקות. מוסיפים ארוגולה ומבשלים כדקה נוספת.

6. יוצקים את הביצים למחבת, מתבלים במלח ופלפל. מבשלים עד להתייצבות, תוך ערבוב לעתים קרובות.

7. מחלקים את תערובת הביצים בין הטורטיות, מעליהן בייקון. מקפלים לבוריטוס ומגישים.

קוויזדילות בייקון וביצה

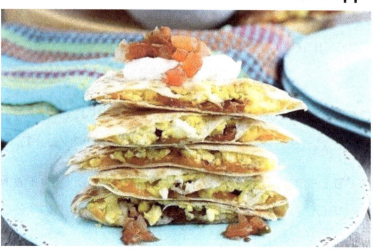

זמן בישול: 25 דקות

מנות: 4

רכיבים

450 גרם קמח לכל מטרה

3 כפות קיצור ירקות קר

1 כפית מלח

2 כפיות אבקת אפיה

375 מ"ל מים

8 ביצים, טרופים

4 פרוסות בייקון, מבושלות, קצוצות

128 גרם גבינת צ'דר, מגוררת

32 גרם בצל ירוק קצוץ

מלח, פלפל, לפי הטעם

הוראות הגעה

1.מערבבים בקערה קמח, מלח, אבקת אפייה וקיצור ירקות. מערבבים
היטב עם הידיים עד שהכל נטמע.

2.מוסיפים מים באיטיות ולשים את הבצק בידיים. קמח צריך לספוג את הנוזל, צריך לקבל בצק חלק.

3.מעצבים את הבצק לכדורים, מניחים אחד אחד לתוך מכבש הטורטיה. לחץ כדי ליצור את הטורטיות.

4.מחממים מחבת ברזל יצוק על אש בינונית. מוסיפים טורטיות אחת אחת ומבשלים כ-30-40 שניות לכל צד.

5. מעל כל טורטייה תערובת גבינה, בצל ובייקון. מחממים מחבת טפלון על אש בינונית.

6.מוסיפים את תערובת הביצים למחבת ומבשלים עד להתייצבות תוך ערבוב לעתים קרובות. מורחים את תערובת הביצים על כל טורטייה, מקפלים.

7.	קולים קוואסדילה על מחבת ומגישים.

55. טורטיות מחיטה מלאה

זמן בישול: 15 דקות

מנות: 12

רכיבים

256 גרם קמח לחם מלא

64 גרם קמח לכל מטרה

1 כפית אבקת אפייה

1 כפית מלח

קיצור של 64 גרם

65 מ"ל מים רותחים

הוראות הגעה

1.מערבבים בקערה קמח, מלח ואבקת אפייה. מוסיפים קיצור, מערבבים היטב בידיים עד שהכל נטמע.

2.מוסיפים מים באיטיות ולשים את הבצק בידיים. קמח צריך לספוג את הנוזל, צריך לקבל בצק חלק.

3.מעצבים את הבצק לכדורים, מניחים אחד אחד לתוך מכבש הטורטיה. לחץ כדי ליצור את הטורטיות.

4.מחממים מחבת ברזל יצוק על אש בינונית. מוסיפים טורטיות אחת אחת ומבשלים כ-30-40 שניות לכל צד.

56. עטיפת טונה, תפוח ואבוקדו

זמן בישול: 20 דקות

מנות: 6

רכיבים

256 גרם קמח לחם מלא

1 תפוח, קצוץ

64 גרם קמח לכל מטרה

2 כפיות מיץ לימון

1 כפית אבקת אפייה

2 כפות טריות

1 כפית מלח

פטרוזיליה, קצוצה

קיצור של 64 גרם

2 כפיות שמן זית

65 מ"ל מים רותחים

$\frac{1}{2}$ כפית כמון

280 גרם טונה, שטופה ומרוקנת

1 אבוקדו, פרוס דק

250 גרם ארוגולה ארוזה בצורה רופפת

הוראות הגעה

1.מערבבים בקערה קמח, מלח ואבקת אפייה. מוסיפים קיצור, מערבבים היטב בידיים עד שהכל נטמע.

2.מוסיפים מים באיטיות ולשים את הבצק בידיים. קמח צריך לספוג את הנוזל, צריך לקבל בצק חלק.

3.מעצבים את הבצק לכדורים, מניחים אחד אחד לתוך מכבש הטורטיה. לחץ כדי ליצור את הטורטיות.

4.מחממים מחבת ברזל יצוק על אש בינונית. מוסיפים טורטיות אחת אחת ומבשלים כ-30-40 שניות לכל צד.

5.מטפטפים תפוח במיץ לימון ועוטפים בניילון נצמד, מקררים לפחות 20 דקות.

6.מערבבים תפוח, טונה, פטרוזיליה, שמן וכמון. מתבלים במלח ופלפל.

7.מוסיפים ארוגולה ומערבבים היטב לציפוי. מניחים פרוסות אבוקדו על גבי טורטיות, מוסיפים מעל סלט ארוגולה וטונה. עוטפים היטב ומגישים.

עוטפות הודו תרד

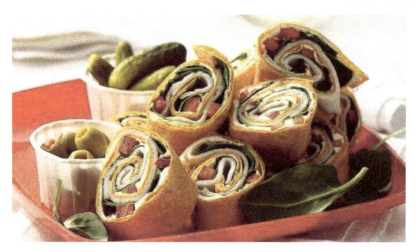

זמן בישול: 20 דקות

מנות: 4

רכיבים

225 גרם קמח לכל מטרה

64 גרם עירית ובצל

1 1/2 כפות קיצור ירקות קר

גבינת שמנת, מגוררת

1/2 כפית אבקת שום

1/2 כפית מלח

200 גרם מונטריי ג'ק

1 כפית אבקת אפייה

190 מ"ל מים

192 גרם פלפל אדום מתוק, פרוס

280 גרם מעדניות הודו, פרוסות דק

64 גרם בצל ירוק קצוץ

200 גרם תרד טרי

4 כפות רוטב סלט ראנץ'

הוראות הגעה

1.מערבבים בקערה קמח, מלח ואבקת אפייה. מוסיפים קיצור, מערבבים היטב בידיים עד שהכל נטמע.

2.מוסיפים מים באיטיות ולשים את הבצק בידיים. קמח צריך לספוג את הנוזל, צריך לקבל בצק חלק.

3.מעצבים את הבצק לכדורים, מניחים אחד אחד לתוך מכבש הטורטיה. לחץ כדי ליצור את הטורטיות.

4.מחממים מחבת ברזל יצוק על אש בינונית. מוסיפים טורטיות אחת אחת ומבשלים כ-30-40 שניות לכל צד.

5.מורחים את גבינת השמנת על כל טורטייה. מפזרים אבקת שום.

6.מוסיפים תרד מעל, הודו, גבינה, פלפל אדום ובצל. . מוסיפים את התרד הנותר.

7. מטפטפים את הרוטב ומגלגלים היטב טורטיות בגלילים. עוטפים את הלחמניות בניילון נצמד ומצננים עד להגשה.

58. עוטפי טורטיה גבינת חזיר

זמן בישול: 15 דקות

מנות: 4

רכיבים

225 גרם קמח לכל מטרה

4 כפות שמנת חמוצה

1 1/2 כפות קרות

4 כפות זיתים קצוצים

קיצור ירקות

2 כפות צ'ילי ירוק, מסוננים, קצוצים

1/2 כפית מלח

1 כפית אבקת אפייה

2 כפות בצל ירוק קצוץ

190 מ"ל מים

256 גרם בשר חזיר מבושל, קצוץ

מלח לטעימה

225 גרם גבינת שמנת, מרוככת

הוראות הגעה

1.מערבבים בקערה קמח, מלח ואבקת אפייה. מוסיפים קיצור, מערבבים היטב בידיים עד שהכל נטמע.

2.מוסיפים מים באיטיות ולשים את הבצק בידיים. קמח צריך לספוג את הנוזל, צריך לקבל בצק חלק.

3.מעצבים את הבצק לכדורים, מניחים אחד אחד לתוך מכבש הטורטיה. לחץ כדי ליצור את הטורטיות.

4.מחממים מחבת ברזל יצוק על אש בינונית. מוסיפים טורטיות אחת אחת ומבשלים כ-30-40 שניות לכל צד.

5.מערבבים גבינת שמנת, שמנת חמוצה וגבינת צ'דר בקערה, טורפים היטב לאיחוד.

6.מוסיפים חזיר, זיתים, צ'ילי ירוק, בצל ירוק, אבקת שום ומלח.

7.מורחים את התערובת על גבי כל טורטייה ומגלגלים לעייפות. . מקררים 1-2 שעות.

8.פורסים את העטיפות לחתיכות בגודל ביס ומגישים.

עטיפות אבוקדו, שעועית שחורה ופטה

זמן בישול: 30 דקות

מנות: 8

רכיבים

450 גרם קמח לכל מטרה

3 כפות קיצור ירקות קר

1 כפית מלח

2 כפיות אבקת אפיה

375 מ"ל מים

128 גרם קינואה

500 מ"ל כוסות מים + 65 מ"ל

1 אבוקדו, קלוף, מגולען, חתוך לקוביות

1 קופסת שעועית שחורה, מנוקזת ושטופה

4 כפות גבינת פטה מפוררת

4 כפות גבינת מונטריי ג'ק, מגוררת

42 גר' טחינה

$\frac{1}{4}$ כפית כמון

1 כפית כוסברה קצוצה

2 כפות מיץ לימון

מלח לטעימה

הוראות הגעה

1.מערבבים בקערה קמח, מלח ואבקת אפייה. מוסיפים קיצור, מערבבים היטב בידיים עד שהכל נטמע.

2.מוסיפים מים באיטיות ולשים את הבצק בידיים. קמח צריך לספוג את הנוזל, צריך לקבל בצק חלק.

3.מעצבים את הבצק לכדורים, מניחים אחד אחד לתוך מכבש הטורטיה. לחץ כדי ליצור את הטורטיות.

4.מחממים מחבת ברזל יצוק על אש בינונית. מוסיפים טורטיות אחת אחת ומבשלים כ-30-40 שניות לכל צד.

5.מוסיפים אבוקדו, טחינה, כמון, כוסברה, מלח ומיץ לימון לבלנדר או למעבד מזון ומערבבים עד לקבלת מרקם חלק.

6.מוסיפים 65 מ"ל מים ומערבבים פעם נוספת.

7.מוסיפים 500 מ"ל מים וקינואה לסיר ומביאים לרתיחה. מנמיכים את האש לנמוכה, מכסים את המחבת ומבשלים קינואה במשך 10-15 דקות.

8. מורחים את מטבל האבוקדו על כל טורטייה, מעליהם שעועית וקינואה, מפזרים מלח, מוסיפים פטה וגבינת מונטריי ג'ק ועוטפים אותם. חוזרים על הפעולה עבור כל הטורטיות ומגישים.

60. חבילות טאקו נווד

זמן בישול: 30 דקות

מנות: 6

רכיבים

260 גרם מסה חרינה לטורטיות

2 כפות שמן זית

250 מ"ל מים חמים

1 בצל אדום קטן, פרוס דק

2 כפות מים

1 1/2 כפית מלח

1/2 כפית פלפל שחור גרוס

1 קישוא, חצוי ופרוס

6 כפות סלסת עגבניות

6 ביצים

2 פלפלים, מפורקים, ללא גרעינים, פרוסים דק

1 קופסת (400 מ"ל) שעועית שחורה, מרוקן, שטוף

128 גרם תירס קפוא מופשר

הוראות הגעה:

1.מערבבים את מסה חרינה ומים חמים בקערה. מכסים ומניחים לנוח כ-30 דקות.

2. ללוש את הבצק, להוסיף מים בטמפרטורת החדר. ללוש עד לקבלת בצק חלק.

3. מרפדים את שני צידי הטורטיה בנייר פרגמנט או בשקיות זיפלוק. מעצבים את הבצק לכדורים, מניחים אותם אחד אחד לתוך מכבש הטורטייה. לחץ כדי ליצור את הטורטיות.

4.מחממים מראש ברזל יצוק על אש בינונית. מוסיפים טורטיות אחת אחת ומבשלים כ-15-20 שניות לכל צד.

5. גזרו 12 חלקים של נייר כסף, שים 2 חלקים אחד על השני כך שיהיו לך 6 ערימות. גזרו חתיכות נייר פרגמנט באותו הגודל והניחו על גבי כל ערימת נייר כסף.

6. שלבו בקערה שעועית, תירס, קישואים, בצל, שמן, מלח פלפל וחלקו את התערובת באופן שווה בין הערימות. סוגרים כל חבילה ומקפלים כדי לאטום.

7.מחממים תנור ל-220 מעלות צלזיוס, מניחים ערימות על נייר אפייה וכ-15 דקות.

8. עוטפים טורטיות בנייר כסף ואופים 8 דקות. לאחר הבישול, מוציאים ערימות מהתנור, מניחים על משטח ישר ופותחים מעט.

9.פורצים ביצה לכל ערימה (לא הטורטיות) ומוסיפים פלפל ומלח. מקפלים שוב ומבשלים בתנור 5 דקות.

10. לאחר הבישול, הוציאו מהתנור והגישו כל ערימה חמה עם 2 טורטיות חמות.

פלוטות בקר מגורדות

זמן בישול: 45 דקות

מנות: 6

רכיבים:

450 גרם קמח לכל מטרה

5 כפות שמן צמחי

3 כפות קיצור ירקות קר

רוטב עגבניות 120 מ"ל

2 בצלים, מגוררים, מחולקים

1 כפית מלח

3 שיני שום, טחונות, מחולקות לשלושה חלקים

2 כפיות אבקת אפיה

375 מ"ל מים

1 כפית מלח, מחולק

0.9 ק"ג גוש בקר ללא עצמות, חתוך לקוביות

1 צ'ילי ג'לפנו טרי, נטול גרעינים, קצוץ

364 גרם חסה אייסברג, מגוררת

2 כפות שמן זית

$\frac{3}{4}$ כפית כמון טחון

הוראות הגעה:

1.מערבבים בקערה קמח, מלח, אבקת אפייה וקיצור ירקות. מערבבים היטב עם הידיים עד שהכל נטמע.

2.מוסיפים מים באיטיות ולשים את הבצק בידיים. קמח צריך לספוג את הנוזל, צריך לקבל בצק חלק.

3.מעצבים את הבצק לכדורים, מניחים אחד אחד לתוך מכבש הטורטיה. לחץ כדי ליצור את הטורטיות.

4.מחממים מראש ברזל יצוק על אש בינונית. מוסיפים טורטיות אחת אחת ומבשלים כ-30-40 שניות לכל צד.

5.שמים בשר בקר, 1 מנת בצל ושום, ממליחים לסיר, יוצקים מים ומביאים לרתיחה. משאירים את הסיר מכוסה מעט ומבשלים עד שהבשר מתרכך.

6. לאחר בישול, הניחו לו להתקרר מעט, ואז מרוקנים חוסכים 1/3 כוס מהמרק. לגרוס בשר באמצעות מזלג.

7.מחממים שמן זית במחבת על אש בינונית-נמוכה. מוסיפים את יתרת השום, הבצל ומבשלים 3 דקות.

8.מוסיפים בשר בקר, רוטב עגבניות, מרק שמור, כמון, פלפל, מלח, צ'ילי ומרתיחים את התערובת במשך 5 דקות תוך ערבוב לעיתים רחוקות. לאחר הבישול, מסירים מהאש ונותנים לו להתקרר.

9. לוקחים טורטיות אחת אחת ומכניסים למרכז 2 כפות מילוי מעוגלות, מגלגלים לכיסוי, מהדקים את הקצוות במקלות עץ ומכסים טורטיות בניילון.

192

10.מחממים שמן צמחי על אש בינונית-גבוהה במחבת. מטגנים טורטיות בקבוצות במשך 2 דקות, הופכים לעתים קרובות. שים אותם במגבת נייר כשהם מטוגנים.

11. מחלקים חסה בין 6 צלחות ומגישים 2 טורטיות על כל אחת.

סטייק פאג'יטס עם כרוב ובצל ירוק

זמן בישול: 30 דקות

מנות: 8

רכיבים:

450 גרם קמח לכל מטרה

1 כפית אבקת בצל

3 כפות קיצור ירקות קר

1 כפית מלח

1/2 ראש כרוב ירוק בינוני, קצוץ

1 כפית מלח

2 כפיות אבקת אפיה

3 כפות מיץ ליים טרי

375 מ"ל מים

6 כפות שמן זית, מחולק

סטייק חצאית 0.9 ק"ג חתוך

1 צרור בצל ירוק, קצוץ ל-4 חתיכות

1 בצל לבן גדול, קצוץ, חצוי

60 מ"ל שמן זית

60 מ"ל מיץ ליים טרי

1/4 בצל אדום קטן, קצוץ דק

2 כפות כוסברה טרייה קצוצה

1 כף כוסברה קצוצה

4 שיני שום, קלופות

פלפל גרוס טרי ומלח, לפי הטעם

3 כפות פפריקה ספרדית מעושנת

1 כף כמון טחון

הוראות הגעה:

1.מערבבים בקערה קמח, מלח, אבקת אפייה וקיצור ירקות. מערבבים היטב עם הידיים עד שהכל נטמע.

2.מוסיפים מים באיטיות ולשים את הבצק בידיים. קמח צריך לספוג את הנוזל, צריך לקבל בצק חלק.

3.מעצבים את הבצק לכדורים, מניחים אחד אחד לתוך מכבש הטורטיה. לחץ כדי ליצור את הטורטיות.

4.מחממים מראש ברזל יצוק על אש בינונית. מוסיפים טורטיות אחת אחת ומבשלים כ-30-40 שניות לכל צד.

5. שלבו בבלנדר מיץ ליים, שום, שמן, כוסברה, פפריקה, מלח, אבקת בצל וכמון. לאחר התערובת, הכניסו לשקית ניילון ניתנת לסגירה חוזרת.

6.מכניסים סטייק לשקית מרינדה, אוטמים ומכניסים למקרר ל-4 שעות לפחות (טעים יותר בקירור לילה).

7.מחממים 4 כפות שמן במחבת גריל על אש בינונית-גבוהה.

8.מוסיפים 1/2 כרוב קצוץ, בצל ירוק, 1/2 בצל לבן, פלפל, מלח ומבשלים כ-12 דקות תוך ערבוב מדי פעם. . לאחר הבישול, מסירים מהאש להתקרר מעט בסיום.

9. שלבו את שאר הכרוב, בצל ירוק, בצל לבן, אדום בקערה גדולה, ולאחר מכן הוסיפו כוסברה, מיץ ליים, 2 כפות שמן, פלפל ומלח.

10מוציאים את הסטייק מהמרינדה, מנערים את עודפי המרינדה, מתבלים בפלפל ומלח. זורקים את המרינדה. גריל סטייק כ-3 דקות מכל צד.

11.לאחר בישול, מעבירים אותו לקרש חיתוך ונותנים לו להתקרר כ-7 דקות לפני שפורסים.

12. מגישים סטייק עם טורטיות חמימות וסלסת צ'ילי מיובשת.

ספייסי צ' יפוטלה עוף טוסטאדאס

זמן בישול: שעתיים 30 דקות

מנות: 8

רכיבים:

260 גרם מסה חרינה לטורטיות

250 מ"ל מים חמים

2 כפות מים, בטמפרטורת החדר

0.9 ק"ג ירכי עוף עם עצם

1 קופסת (830 מ"ל) עגבניות שלמות, סחוטות

3 צ'יפוטלה משומר ברוטב אדובו

2 כפות רוטב אדובו

1 בצל לבן בינוני חתוך לקוביות

4 שיני שום, כתושות

קורט ציפורן טחון

1/4 כפית קינמון טחון

1/2 כפית פלפל שחור גרוס

1/4 כפית מלח

חסה אייסברג, מגוררת

בצל לבן, פרוס דק

שמנת חמוצה

queso fresco

384 גרם ממרח שעועית שחורה

שמן צמחי

מלח

הוראות הגעה:

1.מערבבים את מסה חרינה ומים חמים בקערה. מכסים ומניחים לנוח כ-30 דקות.

2. ללוש את הבצק, להוסיף מים בטמפרטורת החדר. ללוש עד לקבלת בצק חלק.

3. מרפדים את שני צידי הטורטיה בנייר פרגמנט או בשקיות זיפלוק. מעצבים את הבצק לכדורים, מניחים אותם אחד אחד לתוך מכבש הטורטייה. לחץ כדי ליצור את הטורטיות.

4.מחממים מראש ברזל יצוק על אש בינונית. מוסיפים טורטיות אחת אחת ומבשלים כ-15-20 שניות לכל צד.

5.מקבלים סיר גדול מלא ב-8 כוסות מים ומניחים על אש בינונית-נמוכה.

6.מוסיפים עוף, מלח ומרתיחים 45 דקות. לאחר הבישול, מסננים, חותכים את העוף לקוביות קטנות וזורקים את העצמות.

7. שלבו עגבניות, רוטב אדובו, קינמון, ציפורן, פלפל וצ'ילי בבלנדר ומערבבים עד לקבלת תערובת מוכנה.

8. מחממים מעט שמן במחבת על אש בינונית-גבוהה.

9. מוסיפים בצל ומבשלים 8 דקות, תוך ערבוב לעיתים רחוקות.

10. מוסיפים שום ומבשלים 3 דקות.

11. מוסיפים תערובת עגבניות, מנמיכים את האש ומרתיחים 30 דקות מכוסה מעט.

12. מוסיפים עוף, מבשלים תוך ערבוב לא תכוף כ-10 דקות ולבסוף מוסיפים מלח לפי הטעם.

13. יוצקים 1 אינץ' שמן במחבת. מטגנים טורטיות בקבוצות במשך 2 דקות, הופכים כל 30 שניות.

14. לאחר בישול, שים טורטיות על מגבות נייר לייבוש השמן.

15. עבדו על כל טורטייה על ידי הנחה על משטח שטוח, ולאחר מכן מורחים ב-1 כף ממרח שעועית שחורה. . באמצע מניחים 1/4 כוס ציפוי עוף חריף, חסה, בצל, שמנת חמוצה וקסו פרסקו. . מגלגלים ואוטמים את הקצוות והוא מוכן להגשה.

עטיפות פסטו עוף

זמן בישול: 5 דקות

מנות: 4

רכיבים:

450 גרם קמח לכל מטרה

3 כפות קיצור ירקות קר

1 כפית מלח

2 כפיות אבקת אפיה

375 מ"ל מים

256 גרם עוף מבושל וחתוך לקוביות

4 כפות פסטו

1 גזר, פרוס דק

256 גרם בייבי תרד טרי

1 פלפל אדום, פרוס

הוראות הגעה:

1.מערבבים בקערה קמח, מלח, אבקת אפייה וקיצור ירקות. מערבבים
היטב עם הידיים עד שהכל נטמע.

2.מוסיפים מים באיטיות ולשים את הבצק בידיים. קמח צריך לספוג את הנוזל, צריך לקבל בצק חלק.

3.מעצבים את הבצק לכדורים, מניחים אחד אחד לתוך מכבש הטורטיה. לחץ כדי ליצור את הטורטיות.

4.מחממים מראש ברזל יצוק על אש בינונית. מוסיפים טורטיות אחת אחת ומבשלים כ-30-40 שניות לכל צד.

5.לשלב עוף עם פסטו בקערה קטנה.

6. שים טורטיות על משטח ישר. מוסיפים 1/4 תרד, 1/4 פלפל, 1/4 גזר ו-1/4 עוף במרכז כל טורטייה. מגלגלים ומגישים.

65. מקלות עוף טורטיה

זמן בישול: שעה

מנות: 4

רכיבים:

260 גרם מסה חרינה לטורטיות

ביצה 1 גדולה

250 מ"ל מים חמים

1 כפית כמון טחון

2 כפות מים, בטמפרטורת החדר

4 כפיות אבקת צ'ילי, מחולקת

10 מקלות עוף

הוראות הגעה:

1.מערבבים את מסה חרינה ומים חמים בקערה. מכסים ומניחים לנוח כ-30 דקות.

2. ללוש את הבצק, להוסיף מים בטמפרטורת החדר. ללוש עד לקבלת בצק חלק.

3. מרפדים את שני צידי הטורטיה בנייר פרגמנט או בשקיות זיפלוק. מעצבים את הבצק לכדורים, מניחים אותם אחד אחד לתוך מכבש הטורטייה. לחץ כדי ליצור את הטורטיות.

1.מחממים מראש ברזל יצוק על אש בינונית. מוסיפים טורטיות אחת אחת ומבשלים כ-15-20 שניות לכל צד.

2.מחממים תנור ל-180 מעלות ומפזרים את הטורטיות על תבנית האפייה. אופים במשך 15 דקות. מפוררים את הטורטיות האפויות.

3. שלבו בקערה 2 כפות אבקת צ'ילי, 1/4 כפית מלח, כמון וטורטיות מרוסקות.

4.לאחר מכן מוסיפים ביצים, 2 כפיות צ'ילי ומערבבים היטב.

5. מפזרים עוף 1/2 כפית מלח וטובלים בתערובת הביצים. . מנערים את העודפים וטובלים בפירורי הטורטייה המעורבבים כדי לצפות ולהדביק. מעבירים לתבנית אפייה.

6.מחממים תנור ל-220 מעלות ומשמנים תבנית אפייה בעלת ארבע צדדים. . אופים 45 דקות בלי להפוך. לאחר הבישול, מניחים להתקרר 5 דקות ומגישים.

עטיפות בקר קראנץ'

זמן בישול: 20 דקות

מנות: 6

רכיבים:

450 גרם קמח לכל מטרה

128 גרם גבינה מקסיקנית, מגוררת

3 כפות קיצור ירקות קר

256 גרם חסה, מגוררת

1 כפית מלח

1 עגבנייה, חתוכה לקוביות

2 כפיות 32 גרם כוסברה טחונה

אבקת אפייה

1 ליים, מיץ

375 מ"ל מים

120 מ"ל שמנת חמוצה

0.5 ק"ג בשר בקר טחון

60 מ"ל מים

64 גרם פרסקו queso

1 חבילת תיבול טאקו

הוראות הגעה:

1.מערבבים בקערה קמח, מלח, אבקת אפייה וקיצור ירקות. מערבבים היטב עם הידיים עד שהכל נטמע.

2.מוסיפים מים באיטיות ולשים את הבצק בידיים. קמח צריך לספוג את הנוזל, צריך לקבל בצק חלק.

3.מעצבים את הבצק לכדורים, מניחים אחד אחד לתוך מכבש הטורטיה. לחץ כדי ליצור את הטורטיות.

4.מחממים מראש ברזל יצוק על אש בינונית. מוסיפים טורטיות אחת אחת ומבשלים כ-30-40 שניות לכל צד.

5.מחממים מחבת על אש בינונית-גבוהה במשך 3 דקות. מוסיפים בשר בקר ומבשלים במשך 9 דקות, תוך ערבוב לעתים קרובות. מוסיפים מים, תיבול טאקו ומרתיחים 11 דקות.

6.שמים טורטיות על משטח שטוח, מוסיפים 2 כפות קסו, 125 גרם בקר, 1 טוסטדה, מורחים מעט שמנת חמוצה על הטוסטדה, מוסיפים עגבנייה, כוסברה, חסה, קצת ליים וגבינה באמצע כל טורטייה. מגלגלים אותם ואוטמים את הקצוות.

7.משמנים את המחבת בשמן ומניחים על אש בינונית. שים טורטייה מגולגלת אחת במחבת ומבשלים עד שהיא מקבלת גוון זהוב. עשו אותו דבר עם שאר הטורטיות, מגישים.

67. טורטיית עוף אפויה

זמן בישול: 25 דקות

מנות: 6

רכיבים:

450 גרם קמח לכל מטרה

192 גרם גבינת צ'דר, מגוררת

3 כפות קיצור ירקות קר

85 גרם עגבניות קצוצות

1 כפית מלח

סלסה בבקבוק 240 מ"ל, מחולקת

2 כפיות אבקת אפיה

240 מ"ל שמנת חמוצה

375 מ"ל מים

65 גרם בצל קצוץ

390 גרם חזה עוף מבושל, קצוץ

85 גרם פלפל ירוק קצוץ

ספריי בישול

הוראות הגעה:

1.מערבבים בקערה קמח, מלח, אבקת אפייה וקיצור ירקות. מערבבים היטב עם הידיים עד שהכל נטמע.

2.מוסיפים מים באיטיות ולשים את הבצק בידיים. קמח צריך לספוג את הנוזל, צריך לקבל בצק חלק.

3.מעצבים את הבצק לכדורים, מניחים אחד אחד לתוך מכבש הטורטיה. לחץ כדי ליצור את הטורטיות.

4.מחממים מראש ברזל יצוק על אש בינונית. מוסיפים טורטיות אחת אחת ומבשלים כ-30-40 שניות לכל צד.

5.לשלב שמנת חמוצה, 120 מ"ל סלסה בקערה ולמרוח באופן שווה על כל טורטייה.

6. שמים עוף, עגבנייה, פלפל בצל במרכז כל טורטייה, ואז מגלגלים ואוטמים את הקצוות.

7. מחממים את התנור ל- *C* 176. מצפים תבנית אפייה בתרסיס בישול, ואז מוסיפים טורטיות. משטחים את שאר הסלסה ואופים 15 דקות. מעל גבינה ואופים עוד 5 דקות ומגישים.

פיצות טורטיה פפרוני

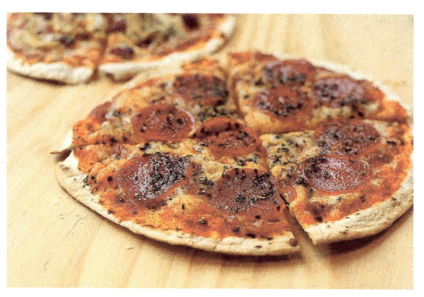

זמן בישול: 15 דקות

מנות: 12

רכיבים:

450 גרם קמח לכל מטרה

384 גרם עגבניות קצוצות

3 כפות קיצור ירקות קר

384 גרם גבינת מוצרלה, מגוררת

1 כפית מלח

128 גרם פפרוני, קצוץ

2 כפיות אבקת אפיה

1/2 כפית עלי אורגנו מיובשים מרוסקים

375 מ"ל מים

120 מ"ל רוטב פייס פיקנטה

1 פלפל ירוק, קצוץ

הוראות הגעה:

1.מערבבים בקערה קמח, מלח, אבקת אפייה וקיצור ירקות. מערבבים
היטב עם הידיים עד שהכל נטמע.

2.מוסיפים מים באיטיות ולשים את הבצק בידיים. קמח צריך לספוג את הנוזל, צריך לקבל בצק חלק.

3.מעצבים את הבצק לכדורים, מניחים אחד אחד לתוך מכבש הטורטיה. לחץ כדי ליצור את הטורטיות.

4.מחממים מראש ברזל יצוק על אש בינונית. מוסיפים טורטיות אחת אחת ומבשלים כ-30-40 שניות לכל צד.

5. שלבו בקערה קטנה רוטב פיקנטה, אורגנו ועגבנייה.

6.שמים טורטיות על שתי תבניות אפייה, מורחים 1/4 תערובת רוטב פיקנטה, גבינה, פפרוני ופלפל על כל טורטייה.

7. מחממים את התנור ל-200 מעלות ואופים 9 דקות, ואז חותכים כל טורטייה ל-4 פרוסות. הגש חם.

69. קוואסדילה עם סלסה

זמן בישול: 10 דקות

מנות: 6

רכיבים:

450 גרם קמח לכל מטרה

3 כפות קיצור ירקות קר

1 כפית מלח

2 כפיות אבקת אפיה

375 מ"ל מים

384 גרם גבינת מונטריי ג'ק, מגוררת

180 מ"ל סלסה צ'אנקי

2 בצלים ירוקים, פרוסים

2 כפות שמן קנולה

הוראות הגעה:

1.מערבבים בקערה קמח, מלח, אבקת אפייה וקיצור ירקות. מערבבים
היטב עם הידיים עד שהכל נטמע.

2.מוסיפים מים באיטיות ולשים את הבצק בידיים. קמח צריך לספוג את הנוזל, צריך לקבל בצק חלק.

3.מעצבים את הבצק לכדורים, מניחים אחד אחד לתוך מכבש הטורטיה. לחץ כדי ליצור את הטורטיות.

4.מחממים מראש ברזל יצוק על אש בינונית. מוסיפים טורטיות אחת אחת ומבשלים כ-30-40 שניות לכל צד.

5.מניחים טורטיות על משטח שטוח ומברישים את הקצוות במים.

6. שים 65 גרם גבינה, 1 כף סלסה ו-2 כפיות בצל על מחצית מכל טורטייה, ולאחר מכן מקפלים ולוחצים לאטימה.

7.מחממים שמן במחבת על אוכל בינוני. . מטגנים קוואסדילה בקבוצות עד להזהבה, ואז מגישים עם סלסה.

קוואדיות שעועית וגבינה

זמן בישול: 10 דקות

מנות: 6

רכיבים:

450 גרם קמח לכל מטרה

473 גרם שעועית, מטוגנת

3 כפות קיצור ירקות קר

120 מ"ל רוטב פייס פיקנטה

256 גרם גבינת מונטריי ג'ק, מגוררת

1 כפית מלח

2 כפיות אבקת אפיה

2 בצלים ירוקים, פרוסים

375 מ"ל מים

הוראות הגעה:

1.מערבבים בקערה קמח, מלח, אבקת אפייה וקיצור ירקות. מערבבים היטב עם הידיים עד שהכל נטמע.

2.מוסיפים מים באיטיות ולשים את הבצק בידיים. קמח צריך לספוג את הנוזל, צריך לקבל בצק חלק.

3.מעצבים את הבצק לכדורים, מניחים אחד אחד לתוך מכבש הטורטיה. לחץ כדי ליצור את הטורטיות.

4.מחממים מראש ברזל יצוק על אש בינונית. מוסיפים טורטיות אחת אחת ומבשלים כ-30-40 שניות לכל צד.

5.לשלב שעועית ורוטב בקערה.

6.מניחים 6 טורטיות על שתי תבניות אפייה ומברישים את השוליים במים.

7. שמים 86 גרם תערובת שעועית, בצל וגבינה מעל מחצית מכל טורטייה, מכסים בשאריות טורטיות ולוחצים לאטימה.

8.מחממים תנור ל-200 מעלות ואופים 9 דקות. חותכים כל קסדילה ל-4 פרוסות. הגש חם.

71. תבשיל טורטיה עוף

זמן בישול: 52 דקות

מנות: 8

רכיבים:

450 גרם קמח לכל מטרה

3 כפות קיצור ירקות קר

1 כפית מלח

2 כפיות אבקת אפיה

375 מ"ל מים

0.9 ק"ג חזה עוף, מבושל ומגורר

1 קופסת תירס, מרוקן

1 קופסת שעועית שחורה, מרוקנת

512 גרם גבינת צ'דר, מגוררת

1 בצל, קצוץ

1 קופסת עגבניות חתוכות לקוביות

240 מ"ל מרק עוף

830 מ"ל רוטב עגבניות

1 כף שמן זית

1 כפית אבקת שום

2 כפיות אבקת צ'ילי

1 כפית כמון

1/2 כפית מלח

הוראות הגעה:

1.מערבבים בקערה קמח, מלח, אבקת אפייה וקיצור ירקות. מערבבים היטב עם הידיים עד שהכל נטמע.

2.מוסיפים מים באיטיות ולשים את הבצק בידיים. קמח צריך לספוג את הנוזל, צריך לקבל בצק חלק.

3.מעצבים את הבצק לכדורים, מניחים אחד אחד לתוך מכבש הטורטיה. לחץ כדי ליצור את הטורטיות.

4.מחממים מראש ברזל יצוק על אש בינונית. מוסיפים טורטיות אחת אחת ומבשלים כ-30-40 שניות לכל צד.

5.מחממים שמן זית במחבת ועל אש בינונית-גבוהה. מוסיפים בצל ומערבבים עד לריכוך.

6.מוסיפים שעועית שחורה, רוטב עגבניות, אבקת צ'ילי, עגבניות רוטל חתוכות לקוביות, אבקת שום, כמון, מרק עוף, מלח ומבשלים 10 דקות.

7.משמנים תבנית אפייה. מורחים מעט מהרוטב בתחתית תבנית האפייה ומרפדים עליה 6 טורטיות.

8. שמים שכבה של עוף, רוטב וגבינה על טורטיות ומוסיפים עוד 6 טורטיות. מוסיפים שוב שכבות של עוף, רוטב וגבינה.

9.מוסיפים את הטורטיות הנותרות, ואז שכבות עם גבינה.

10.מחממים תנור ל-190 C. עוטפים בנייר כסף ואופים 31 דקות. לאחר מכן מסירים מהנייר כסף. אופים עוד 10 דקות עד שהגבינה נמסה ורותחת. מוציאים מהתנור ומגישים לאחר 10 דקות.

72. ארוחת בוקר טורטיות נקניק

זמן בישול: 13 דקות

מנות: 10

רכיבים:

450 גרם קמח לכל מטרה

6 ביצים

3 כפות קיצור ירקות קר

450 גרם נקניק חזיר טחון

128 גרם גבינת קולבי ג'ק, מגוררת

1 כפית מלח

2 כפיות אבקת אפיה

ספריי בישול ירקות

375 מ"ל מים

2 כפות מים

הוראות הגעה:

1.מערבבים בקערה קמח, מלח, אבקת אפייה וקיצור ירקות. מערבבים היטב עם הידיים עד שהכל נטמע.

2.מוסיפים מים באיטיות ולשים את הבצק בידיים. קמח צריך לספוג את הנוזל, צריך לקבל בצק חלק.

3.מעצבים את הבצק לכדורים, מניחים אחד אחד לתוך מכבש הטורטיה. לחץ כדי ליצור את הטורטיות.

4.מחממים מראש ברזל יצוק על אש בינונית. מוסיפים טורטיות אחת אחת ומבשלים כ-30-40 שניות לכל צד.

5. מחממים את התנור ל-120 מעלות, ומחממים טורטיות במשך 9 דקות, עטופות ברפיון בנייר כסף.

6.מבשלים בשר חזיר במחבת על אש בינונית-גבוהה במשך 9 דקות תוך כדי ערבוב מדי פעם. מוציאים מהמחבת.

7. שלבו ביצים יחד עם 2 כפות מים, ולאחר מכן מרחו תרסיס בישול על המחבת.

8. מנקים את המחבת, מניחים על אש בינונית. מבשלים ביצים על המחבת במשך 3 דקות מבלי להפוך, ולאחר מכן מבשלים 2 דקות נוספות תוך כדי סיבוב מדי פעם.

9. מוסיפים ביצים, נקניק וגבינה לטורטיות, ואז מגלגלים. מגישים עם שמנת חמוצה אם רוצים.

בוריטו בטטה, פטריות ושעועית שחורה

זמן בישול: 22 דקות

מנות: 4

רכיבים:

450 גרם קמח לכל מטרה

3 כפות קיצור ירקות קר

1 כפית מלח

2 כפיות אבקת אפיה

375 מ"ל מים

512 גרם שעועית שחורה, שטופה, מרוקן

256 גרם פטריות כפתור, פרוסות

192 גרם אורז לבן לבישול מהיר

1 בטטה בינונית, מגוררת

160 מ"ל סלסה מקסיקנית, מחולקת

1 אבוקדו, חתוך לקוביות

192 גרם גבינת מונטריי ג'ק, מגורדת

140 גר' בייבי תרד

1 ליים, חצוי

80 מ"ל שמנת חמוצה

2 כפות שמן צמחי, מחולק

1/2 בצל אדום בינוני, פרוס דק

4 כפות כוסברה קצוצה, מחולקת

1 כפית כמון טחון, מחולק

1/2 כפית פלפל קאיין, מחולק

1 כפית מלח, מחולק

הוראות הגעה:

1.מערבבים בקערה קמח, מלח, אבקת אפייה וקיצור ירקות. מערבבים היטב עם הידיים עד שהכל נטמע.

2.מוסיפים מים באיטיות ולשים את הבצק בידיים. קמח צריך לספוג את הנוזל, צריך לקבל בצק חלק.

3.מעצבים את הבצק לכדורים, מניחים אחד אחד לתוך מכבש הטורטיה. לחץ כדי ליצור את הטורטיות.

4.מחממים מראש ברזל יצוק על אש בינונית. מוסיפים טורטיות אחת אחת ומבשלים כ-30-40 שניות לכל צד.

5. מרתיחים אורז לפי ההוראות בחבילה, ואז מערבבים פנימה 2 כפות כוסברה ו-80 מ"ל סלסה.

6.מחממים 1 כף שמן במחבת/מחבת על אש בינונית-גבוהה. לאחר מכן מבשלים תפוחי אדמה, הופכים מדי פעם, במשך 3 דקות.

7 שלבו בקערה 1/4 כף קאיין, 1/2 כף מלח ו-1/2 כף כמון.

8.מחממים את השמן הצמחי הנותר במחבת נפרדת, מוסיפים פטריות ומבשלים במשך 3 דקות.

9.מוסיפים את יתרת הקאיין, המלח והכמון.

10.מוסיפים בצל ומבשלים כ-3 דקות.

11.מוסיפים תרד ושעועית ומבשלים במשך דקה.

12.מעבירים לקערת הבטטה, סוחטים מחצית מהליים מעל ואז מערבבים.

13. שים טורטיות על צלחת ואז מכסים במגבת לחה. . מחממים במיקרוגל למשך דקה.

14. מוסיפים לקערה קטנה שמנת חמוצה, יתרת הכוסברה והסלסה ומערבבים.

15.מוציאים טורטיות ומניחים על מגש. מוסיפים 3 כפות גבינה, 256 גרם תערובת תפוחי אדמה, 256 גרם אורז, אבוקדו ורוטב שמנת חמוצה באמצע כל טורטייה.

16. מגלגלים טורטיות כדי לכסות כמו שצריך את המילוי. מגישים חצי ליים לאורך על ידי חיתוך לגדלים קטנים יותר/לפלסים.

ביצים מקושקשות עם צ׳וריסו וטורטיות

זמן בישול: 15 דקות

מנות: 4

רכיבים:

260 גרם מסה חרינה לטורטיות

250 מ"ל מים חמים

2 כפות מים, בטמפרטורת החדר

1.5 ק"ג שבבי טורטיה תירס כתוש

12 ביצים טרופות קלות

225 גרם נקניק טרי

2 כפות שמן זית

1 בצל בינוני, קצוץ

הוראות הגעה:

1.מערבבים את מסה חרינה ומים חמים בקערה. מכסים ומניחים לנוח כ-30 דקות.

2. ללוש את הבצק, להוסיף מים בטמפרטורת החדר. ללוש עד לקבלת בצק חלק.

3. מרפדים את שני צידי הטורטיה בנייר פרגמנט או בשקיות זיפלוק. מעצבים את הבצק לכדורים, מניחים אותם אחד אחד לתוך מכבש הטורטייה. לחץ כדי ליצור את הטורטיות.

4. מחממים מראש ברזל יצוק על אש בינונית. מוסיפים טורטיות אחת אחת ומבשלים כ-15-20 שניות לכל צד.

5. שלבו ביצים ושבבי טורטיה יחד.

6. מחממים שמן במחבת על אש בינונית. מוסיפים בצל ומערבבים עד לריכוך. מוסיפים נקניק ומבשלים 3 דקות.

7. מוסיפים את תערובת הטורטיה ומבשלים על אש בינונית-גבוהה במשך 3 דקות, תוך ערבוב לעתים קרובות. לאחר מכן מגישים.

75. טופו-טחינה ירקות

עושה 4 עטיפות

רכיבים:

8 אונקיות טופו יציב במיוחד, סחוט ויבש בטפיחה

3 בצלים ירוקים, טחונים

2 צלעות סלרי, קצוצות

1/2 כוס פטרוזיליה טרייה טחונה

2 כפות צלפים

2 כפות מיץ לימון טרי

1 כף חרדל דיז'ון

1/2 כפית מלח

1/8 כפית קאיין טחון

4 (10 אינץ') טורטיות קמח או לאבש

1 גזר בינוני, מגורר

4 עלי חסה

הוראות הגעה

(a   במעבד מזון מערבבים את הטופו, הטחינה, הבצל הירוק, הסלרי, הפטרוזיליה, הצלפים, מיץ הלימון, החרדל, המלח והקאיין ומעבדים עד לקבלת תערובת אחידה.

(b   להרכבת עטיפות, מניחים טורטייה אחת על משטח עבודה ומורחים כ-1/2 כוס מתערובת הטופו על פני הטורטייה. מפזרים גזר מגורר ומעליו עלה חסה. מגלגלים בחוזקה וחותכים לשניים באלכסון. חוזרים על הפעולה עם שאר החומרים ומגישים.

חומוס פיתות מפורקות

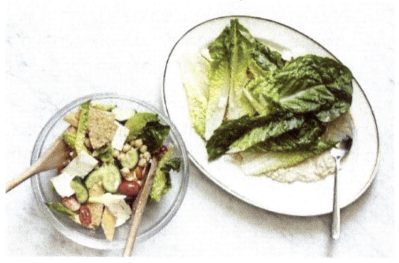

מכין 4 פיתות

רכיבים:

1 שן שום, כתושה

¾ כוס טחינה (משחת שומשום)

2 כפות מיץ לימון טרי

1 כפית מלח

1/8 כפית קאיין טחון

1/4 כוס מים

11/2 כוסות מבושל או 1 (15.5 אונקיות) קופסת חומוס, שטופה ומרוקנת

2 גזרים בינוניים, מגוררים (בערך 1 כוס)

4 (7 אינץ') לחמי פיתות, רצוי מחיטה מלאה, חצויים

2 כוסות בייבי תרד טרי

הוראות הגעה

a) בבלנדר או מעבד מזון טוחנים את השום. מוסיפים את הטחינה, מיץ הלימון, המלח, הקאיין והמים. מעבדים עד לקבלת מרקם חלק.

b) מניחים את גרגירי החומוס בקערה ומועכים מעט בעזרת מזלג. מוסיפים את הגזר ואת רוטב הטחינה השמורה ומערבבים לאיחוד. לְהַפְרִישׁ.

c) כף 2 או 3 כפות מתערובת החומוס לתוך כל חצי פיתה. מכניסים לכל כיס פרוסת עגבנייה וכמה עלי תרד ומגישים.

77. עטיפות ים תיכוניות טבעוניות

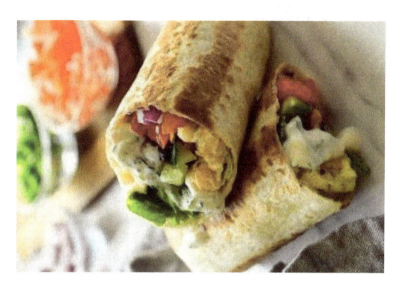

רכיבים

1 מלפפון בינוני

½ כפית (בתוספת כמה קורטות) מלח

1 עגבנייה בינונית חתוכה לקוביות

¼ בצל אדום חתוך לקוביות

¼ פלפל ירוק חתוך לקוביות

4 כפות זיתי קלמטה קצוצים

1 צנצנת (540 גרם / 19 אונקיות) חומוס

200 גרם (7 אונקיות) יוגורט טבעוני

2 כפות שמיר טרי קצוץ

1 שן שום קצוצה

1 כף מיץ לימון

2 כוסות (112 גרם) חסה קצוצה

4 טורטיות גדולות

הוראות הגעה

a) שלבו את קוביות המלפפון, העגבנייה, הבצל האדום, הפלפל
   הירוק והזיתים השחורים. מסננים ושוטפים את החומוס ומכניסים
   לקערה. לרסק אותם עם הידיים או עם מזלג.

b) בקערה משלבים את המלפפון המגורר, היוגורט הטבעוני,
   השמיר, השום, מיץ הלימון וקורט מלח ופלפל. מוסיפים 3 כפות
   מהצזיקי יחד עם חצי כפית מלח ופלפל. מערבבים היטב.

c) מכינים את העטיפות עם חופן חסה, גרגירי חומוס מרוסקים,
   מעורבב ירקות חתוכים לקוביות וכמה כדורי צזיקי.

שווארמה טבעונית

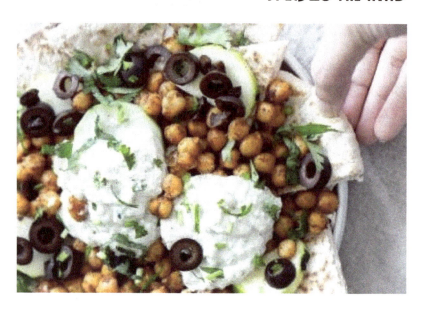

רכיבים

1/3 כוס (55 גרם) חומוס משומר

2 כפות שמרים תזונתיים

תבלינים

1 כף רוטב סויה

1/4 כוס (65 גרם) רסק עגבניות

1/3 כוס (80 מ"ל) ציר ירקות

1 כפית חרדל דיז'ון

1/8 כפיות עשן נוזלי

1 כוס (150 גרם) גלוטן חיטה חיוני

מרינדה

6 עטיפות

חסה מגוררת

הוראות הגעה

a) מוסיפים למעבד המזון את גרגירי החומוס, השמרים התזונתיים, התבלינים, רוטב הסויה, רסק העגבניות, הפפריקה, ציר הירקות, חרדל הדיז'ון והעשן הנוזלי ומעבדים עד לקבלת תערובת אחידה.

b) מוסיפים את גלוטן החיטה החיוני. משטחים אותו על משטח עבודה ומטפחים אותו לצורת סטייק גדול. קִיטוֹר

c) מערבבים את המרינדה ויוצקים אותה על רצועות הסייטן. מטגנים את הסייטן במרינדה,

d) מורחים מעט חומוס חריף לפיתה או לעטוף. מוסיפים חסה מגוררת ומלפפון ועגבנייה פרוסים לעטיפה, מעלים כמה רצועות סייטן ומסיימים עם כף צזיקי טבעוני.

79. לחמניות טבעוניות פריכות

תשואה: 24 מנות

רכיבים

5 גזרים, מבושל

מלח

1 גבעול סלרי; קצוץ דק ומבושל

שמן בוטנים או צמחי

שמן שומשום

3 בצלים גדולים; קצוץ דק

2 בצלים ירוקים; פרוס דק

3 פלפלים אדומים; קצוץ דק

20 פטריות שיטאקי; קצוץ דק

1 צרור עלי כוסברה; קצוץ

חבילה אחת עטיפות ספרינג גליל; (11 oz.)

1 כף עמילן תירס

הוראות הגעה

a) שמים 2 כפיות שמן בוטנים ו-2 כפיות שמן שומשום במחבת גדולה מחוממת. מוסיפים בצל קצוץ, בצל ירוק פרוס ופלפלים. לזרוק פנימה פטריות ולבשל 2 עד 3 דקות.

b) מוסיפים גזר, סלרי וכוסברה ומערבבים. מתבלים לפי הטעם במלח ופלפל

c) מיקום 1 עטיפה. מברישים ביצה טרופה בפינה העליונה. מסדרים ⅓ כוס תערובת מילוי בקו 2 סנטימטרים מהפינה התחתונה. עוטפים את הפינה על התערובת ומשוך לאחור כדי להדק.

d) מקפלים לשני הצדדים ומגלגלים לקצה העטיפה. לטגן

פיתות טופו בקארי

מכין 4 כריכים

רכיבים

- 1 קילו טופו יציב במיוחד, מרוקן ומייבש
- 1/2 כוס מיונז טבעוני, תוצרת בית
- 1/4 כוס צ'אטני מנגו קצוץ
- 2 כפיות חרדל דיז'ון
- 1 כף אבקת קארי חמה או עדינה
- 1 כפית מלח
- 1/8 כפית קאיין טחון
- 1 כוס גזר מגורר
- 2 צלעות סלרי, קצוצות
- 1/4 כוס בצל אדום טחון
- 8 עלי חסה קטנים של בוסטון או חסה אחרים
- 4 (7 אינץ') פיתות מחיטה מלאה, חצויות

הוראות הגעה

(a) מפוררים את הטופו ומניחים אותו בקערה גדולה. מוסיפים את המיונז, הצ'אטני, החרדל, אבקת הקארי, המלח והקאיין ומערבבים היטב עד לקבלת תערובת אחידה.

(b) מוסיפים את הגזר, הסלרי והבצל ומערבבים לאיחוד. מקררים 30 דקות כדי לאפשר לטעמים להתמזג.

(c) תוחבים עלה חסה בתוך כל כיס פיתה, כף מעט תערובת טופו על החסה ומגישים.

81. עטיפת ירקות חומוס

מנות 1 עטיפה

רכיבים

1 עטיפה בטעם או טורטייה

1/3 כוס חומוס

2 פרוסות מלפפון, פרוסות לאורך

חופן עלי תרד טריים

עגבנייה פרוסה

1/4 אבוקדו, פרוס

נבטי אספסת או ברוקולי טריים

מיקרו ירוקים טריים

עלי בזיליקום, אם רוצים

הוראות הגעה

a) מורחים את החומוס על ה-1/3 התחתון של העטיפה, כ-1/2 אינץ' מהקצה התחתון אך פורשים את הקצוות הצדדיים.

b)	שכבו את המלפפון, עלי התרד, פרוסות העגבנייה, פרוסות האבוקדו, הפיות, המיקרוגרינס והבזיליקום.

c)	מקפלים את העטיפה בחוזקה, כמו בוריטו, תוחבים פנימה את כל הירקות עם הגליל הראשון ואז מגלגלים בחוזקה עד הסוף. חותכים לשניים ונהנים.

עטיפות ירקות של ריינבו

מנות: 4

רכיבים

4 (8 אינץ') טורטיות מרובה גרגירים או עטיפות

1 כוס חומוס זית מוכן

2 אונקיות גבינת צ'דר פרוסה דק

1 ⅓ כוסות בייבי תרד

1 כוס פלפל אדום פרוס

1 כוס נבטי ברוקולי

1 כוס כרוב אדום מגורר דק

1 כוס גזר ג'וליאן

הלבשת האלה ירוקה להגשה

הוראות הגעה

(a) מורחים כל טורטייה ב-1/4 כוס חומוס. מעל כל אחד מהם רבע מהצ'דר, תרד, פלפל, נבטים, כרוב וגזר. מגלגלים כל עטיפה.

(b) פורסים את העטיפות לעיגולים בגודל 1 אינץ'. מגישים עם רוטב לטבילה, אם רוצים.

מילויים ורטבים

מילוי תפוחי רום

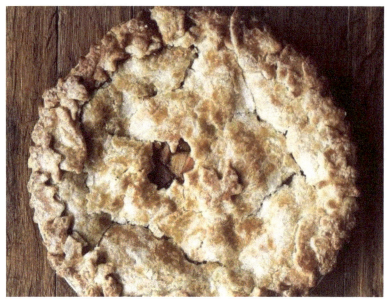

עושה 2 כוסות (480 גרם)

רכיבים

4 כוסות (600 גרם) תפוחים קצוצים גס, קלופים ובעלי ליבה

3 כפות (45 מ"ל) מים

2 כפות (28 גרם) חמאה

1 כפית קינמון

1/3 כוס (67 גרם) סוכר

1/3 כוס (50 גרם) צימוקים כהים

1 כף (8 גרם), בתוספת 1 כפית עמילן תירס

2 כפות (28 מ"ל) רום או מיץ תפוזים

1 בסיר בינוני על אש בינונית מערבבים את התפוחים, המים, החמאה, הקינמון והסוכר.

2 מערבבים ומבשלים להמסת הסוכר. כשהסוכר נמס והתערובת מבעבעת מנמיכים את האש. מערבבים פנימה את הצימוקים.

3 מכסים ומבשלים, תוך ערבוב מדי פעם, במשך 5 דקות, או עד שהתפוחים רכים.

4 בצלחת קטנה מערבבים את עמילן התירס ורום או מיץ תפוזים. מערבבים לתוך התפוחים ומבשלים כדקה אחת או עד שהתפוחים מבעבעים ומסמיכים. מניחים בצד מהאש ומצננים לחלוטין לפני השימוש למילוי טורטיית קמח "אמפנדה". למעלה עם קרם אנגלה.

מילוי דלעת

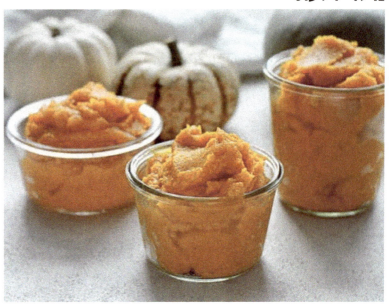

עושה 2 כוסות (480 גרם)

רכיבים

פחית אחת (15 אונקיות, או 425 גרם) של דלעת מארז מוצק (לא מילוי פאי דלעת)

2 כפות (30 גרם) סוכר חום

1 כפית קינמון טחון

1 בקערה בינונית, בעזרת מערבל חשמלי, מערבבים את הדלעת, הסוכר החום והקינמון עד שהסוכר החום נמס והמרכיבים מתערבבים היטב.

2 השתמש כדי למלא אמפנדס. למעלה עם Cajeta או Dulce de Leche.

מילוי תפוחי אדמה מתוקים

עושה 2 כוסות (480 גרם)

2 כוסות (656 גרם) פירה בטטה, אפויה טריה או משומרת

1 כף (15 גרם) סוכר חום

1 כפית קינמון טחון

1 בקערה בינונית, בעזרת מערבל חשמלי, מערבבים את הבטטות, הסוכר החום והקינמון עד שהסוכר החום נמס והמרכיבים מתערבבים היטב.

2 השתמש כדי למלא אמפנדס. מעל עם רוטב אננס.

מסקרפונה מתוקה

עושה כוס אחת (225 גרם)

רכיבים

8 אונקיות (225 גרם) מסקרפונה או גבינת שמנת

1/2 כוס (100 גרם) סוכר

1 או 2 כפות (15 עד 30 גרם) יוגורט יווני

1 בקערה בינונית מערבבים את המסקרפונה או גבינת השמנת והסוכר.

2 השתמשו במיקסר חשמלי כדי לשלב את הגבינה והסוכר. כדי לדלל את גבינת השמנת, מוסיפים יוגורט יווני לפי הצורך כדי להגיע למרקם הרצוי.

3 מקציפים עד לקבלת תערובת אוורירית. מקררים עד להגשה.

קרם אנגלז

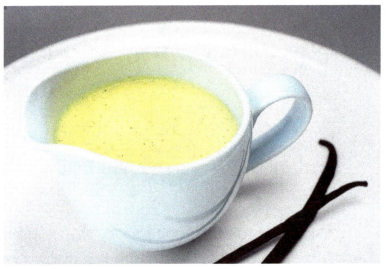

עושה 2 כוסות (480 גרם)

רכיבים

3/4 כוס (175 מ"ל) חלב מלא

3/4 כוס (175 מ"ל) שמנת כבדה

4 חלמונים

4 כפות (52 גרם) סוכר

2 כפיות תמצית וניל טהורה

1 בסיר בינוני על אש נמוכה מערבבים את החלב והשמנת. מחממים 5 דקות או עד שהנוזל מתבשל והבועות פשוט שוברות את פני השטח. מסירים מהאש.

2 בקערה בינונית טורפים יחד את החלמונים והסוכר במשך 2 דקות או עד שהסוכר נמס והתערובת צהובה בהירה.

3 טורפים בהדרגה את תערובת החלב החמה לתוך החלמונים תוך כדי ערבוב מתמיד. מחזירים את התערובת לסיר על אש נמוכה.

4 מבשלים ומערבבים במשך 5 דקות או עד שהקרם מסמיך ומצפה את גב הכף. לא להרתיח.

5 מסירים מהאש. מערבבים פנימה את הווניל. מניחים להתקרר מעט.

6 יוצקים את הנוזל דרך מסננת דקה לתוך מיכל עם מכסה הדוק. מכסים ומצננים. הגש צונן.

רוטב קרמל מקסיקני

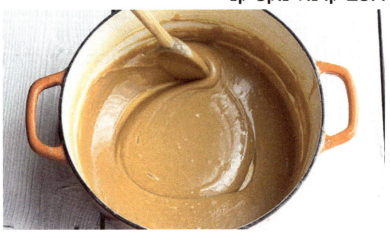

עושה 1 1/2 כוסות (360 גרם)

רכיבים

4 כוסות (946 מ"ל) חלב עיזים או פרה מלא

11/4 כוסות (250 גרם) סוכר

1/2 כפית סודה לשתייה

1 כפית תמצית וניל טהורה (וניל מקסיקני מאושר אם זמין)

1 בסיר כבד בגודל בינוני על אש בינונית, מערבבים את החלב, הסוכר והסודה לשתייה.

2 מבשלים, תוך כדי ערבוב מדי פעם בעזרת מרית עמידה בחום או כף עץ, עד שהסוכר נמס והחלב הופך לקצף ובהיר, כ-15 דקות.

3 המשך לבשל ברתיחה עדינה, תוך ערבוב תכוף ומגרד את דפנות הסיר. מבשלים כ-45 דקות עד שעה או עד שהתערובת מסמיכה ומזהיבה.

4 תוך ערבוב מתמיד, ממשיכים לבשל עד שהתערובת סמיכה. זה צריך להיות דביק מספיק כדי שכאשר מרית מגרדת את תחתית הסיר, "שובל" נשאר פתוח למשך שנייה אחת. מסירים מהאש. מערבבים פנימה את הווניל.

5 מעבירים לצנצנת עמידה בחום רחבה. זה יכול להיות בקירור עד 3 חודשים. מחממים בעדינות על ידי הנחת הצנצנת בסיר עם מים חמים, לא רותחים.

רוטב אננס

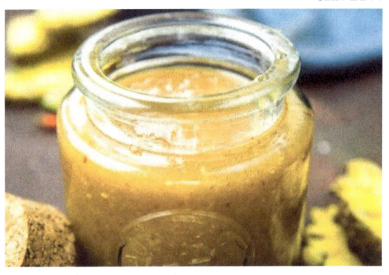

עושה 2 כוסות (280 גרם)

רכיבים

2 כוסות (330 גרם) אננס טרי קצוץ גס או פחית אחת (20 אונקיות, או 560 גרם) של אננס כתוש

3 כפות (42 גרם) חמאה

2 כפות (26 גרם) טורבינדו או סוכר מגורען

1/2 כפית תמצית וניל טהורה

קורט מלח

1 בסיר בינוני על אש בינונית מערבבים את האננס, החמאה והסוכר.

2 מערבבים ומבשלים להמסת הסוכר. כשהסוכר נמס והתערובת מבעבעת מנמיכים את האש. מבשלים, תוך כדי ערבוב מדי פעם, במשך 5 דקות או עד שהרוטב מסמיך וסירופ.

3 מערבבים פנימה את הווניל והמלח.

4 מגישים חם או בטמפרטורת החדר.

פיקו פירות

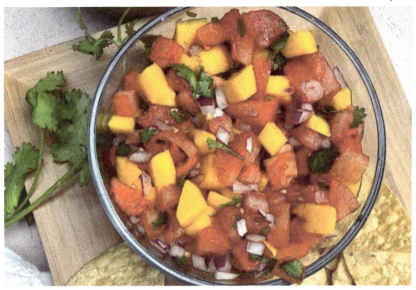

עושה 4 כוסות (560 גרם)

רכיבים

1 ליטר (340 גרם) תותים, קלופים וקצוצים גס, להכנת 2 כוסות

1 אפרסק או מנגו, קלוף וקצוץ, להכנת כוס אחת (175 גרם)

1 תפוח גרני סמית, לא קלוף וקצוץ, להכנת כוס אחת (125 גרם)

1 כפית מיץ לימון

1 בקערה בינונית מערבבים את התותים הקצוצים, האפרסק או המנגו והתפוח.

2 לזרוק לאיחוד. מערבבים פנימה את מיץ הלימון. מצננים עד להגשה.

. ממרח עגבניות מיובשות

רכיבים

שתי כפות שעועית לבנה גדולה מבושלת מראש

1/2 כוס אגוזי מלך

עשר פרוסות עגבניות מיובשות

כף אחת שמן זית או שמן אחר לפי בחירה

שתי כפות גרעיני דלעת

שן שום אחת

בזיליקום טרי, מלח ופלפל צמחים או תבלינים אחרים לבחירתכם

הוראות הגעה

מערבבים את החומרים בבלנדר ומערבבים עד לקבלת מרקם חלק וקרמי.

רכיבים

1 כוס חומוס מבושל מראש

1/2 כוס אגוזי מלך

1 כפית טחינה (משחת שומשום)

1 כפית כמון

1 כפית חומץ יין לבן

מלח ופלפל

אספרגוס טרי לשימוש כתוספת

הוראות הגעה

מערבבים את החומרים בבלנדר ומערבבים עד לקבלת מרקם חלק
וקרמי.

. אהבת אבוקדו

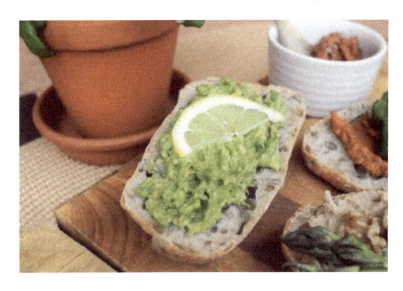

רכיבים

אבוקדו אחד

שתי כפות מיץ לימון סחוט טרי

מלח ופלפל

קורט מלח שחור לטעם ביצה (לא חובה)

הוראות הגעה

מערבבים את החומרים בבלנדר ומערבבים עד לקבלת מרקם חלק וקרמי.

ממרח פימיינטו למילוי כריכים .

תשואה: 2 מנות

מַרכִּיב

½ כוס טופו

2 כפות שמן

2 כפות חומץ תפוחים

1 כף סוכר

1½ כפית מלח

⅛ כפית פלפל שחור

קורט אבקת שום

1 קילו טופו מוצק; מְפוּרָר

3 כפות תבלין חמוצים מתוק

½ כוס פימיינטוס; מרוקן וקצוץ

הוראות הגעה

(a) מערבבים את 7 המרכיבים הראשונים בבלנדר ומערבבים עד לקבלת מרקם חלק וקרמי.

(b) מערבבים בקערה עם שאר החומרים. הכי טוב אם שומרים במקרר למשך הלילה.

94. ממרח כריך טופו

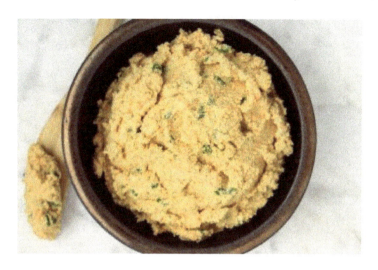

תשואה: 4 מנות

מִרכִּיב

10 אונקיות טופו מוצק

½ פלפל ירוק; חתוך לקוביות

1 גבעול סלרי; חתוך לקוביות

1 גזר; מְגוּרָד

4 בצל ירוק קטן; חתוך

1 כף פטרוזיליה

1 כף צלפים

2 כפות תחליף מיונז על בסיס טופו

1 כף חרדל מוכן

½ כפית מיץ לימון טרי

¼ כפית פלפל

¼ כפית טימין

הוראות הגעה

a) מערבבים את כל החומרים יחד ומגישים על הלחם האהוב עליכם עם נבטים, עגבניות ומלפפונים.

. ממרח כריך ירקות

תשואה: 1 מנות

מַרכִּיב

1 חבילה טופו מוצק

½ כוס מיונז סויה

1 כל בצל ירוק חתוך לקוביות

1 כל פלפל ירוק, חתוך לקוביות

1 כל גבעול סלרי, קצוץ

¼ כוס חמניות או שומשום

1 כף רוטב סויה

1 כפית אבקת קארי

1 כפית כורכום

1 כפית אבקת שום

הוראות הגעה

a) מפוררים את הטופו עם מזלג. מוסיפים את שאר החומרים ומערבבים היטב.

b) מגישים על קרקרים או לחם.

. ממרח עדשים הודי

תשואה: 2 מנות

מִרכִּיב

1 כוס עדשים מבושלות

4 שיני שום; לחוץ

2 כפיות כוסברה טחונה

1 כפית כמון טחון

½ כפית כורכום טחון

½ כפית אבקת צ'ילי

½ כפית ג'ינג'ר טחון

הוראות הגעה

a) מערבבים את כל החומרים בסיר קטן. מבשלים בעדינות על אש נמוכה, תוך ערבוב מדי פעם, במשך 5 דקות, כדי לאפשר לטעמים להתמזג.

b) מצננים במשך שעה.

ממרח כריך חומוס .

תשואה: 4 מנות

מַרכִּיב

1 כוס חומוס; מְבוּשָׁל

אבקת שום לפי הטעם

3 כפות רוטב לסלט איטלקי

מלח ופלפל לפי הטעם

הוראות הגעה

(a) מועכים חומוס עם מזלג ומוסיפים תבלינים.

(b) מגישים על לחם מחיטה מלאה קלוי עם חסה ופרוסות עגבנייה.

. ממרח שעועית קארי

תשואה: 8 מנות

מִרכִּיב

$\frac{3}{4}$ כוס מים

1 בצל; קצוץ דק

1 כוס סלרי חתוך לקוביות

1 פלפל ירוק; חתוך לקוביות

$\frac{1}{2}$ כוס גזר חתוך לקוביות

2 קלו שום; טָחוּן

$2\frac{1}{2}$ כפית אבקת קארי

$\frac{1}{2}$ כפית כמון טחון

1 כף רוטב סויה

3 כוסות שעועית לבנה מבושלת

הוראות הגעה

a) מניחים את המים בסיר ומוסיפים את כל הירקות והשום.

b) מבשלים, תוך ערבוב מדי פעם, במשך 15 דקות. מערבבים פנימה את אבקת הקארי, הכמון ורוטב הסויה ומערבבים היטב.

(c) מסירים מהאש. מוסיפים את השעועית; לערבב היטב. מניחים את התערובת במעבד מזון או בלנדר ומעבדים קצרות עד לקצוץ אך לא מחית. לְצַנֵן.

99. ממרח כריך סלט

תשואה: 4

רכיבים

4 חצאי עגבניות מיובשות

1 - [15.5 אונקיות. יכול] חומוס, מרוקן ושטוף

1 כפית חרדל צהוב

1 $\frac{1}{2}$ כפיות רוטב חריף

$\frac{1}{2}$ כפית עשן נוזלי

1 כפית טחינה

$\frac{1}{2}$ כפית סירופ מייפל טהור

1 $\frac{1}{2}$ כפיות תמרי מופחת נתרן

$\frac{1}{2}$ כפית אבקת שום

$\frac{1}{4}$ כפית אבקת בצל

$\frac{3}{4}$ כפית פפריקה מעושנת

$\frac{1}{2}$ כפית מלח ים

$\frac{1}{4}$ עד $\frac{1}{2}$ כוס תבלין חמוצים

רעיונות הגשה:

חסה מגוררת

עגבניות פרוסות

לחם קלוי (או עטיפה)

מלפפון חמוץ או מלפפון חמוץ

הוראות הגעה

(a   מניחים את חצאי העגבניות המיובשות בקערה קטנה, מכסים במים רותחים ומניחים ל-5 דקות להתרכך. לאחר 5 דקות, הסר את חצאי העגבניות המיובשות הרכות (השליך את המים), קוצצים דק ומכניסים אותם למעבד מזון.

(b   מכניסים את כל שאר החומרים למעבד מזון. דופקים כמה פעמים עד שכל המרכיבים מתפזרים בצורה אחידה.

(c   אופציונלי: מערבבים פנימה תבלין חמוצים סחוט או חמוצים קצוצים.

(d   בדיקת טעם והתאמת מרכיבים בהתאם להעדפות האישיות.

(e   מגישים על לחם קלוי או בעטיפה עם חסה מגוררת עם עגבניות פרוסות.

. ממרח סנדוויץ' טופונה

רכיבים

חבילת טופו אפוי של 8 אונקיות

1/2 כוס מיונז טבעוני, או לפי הרצון

1 גבעול סלרי גדול, חתוך לקוביות דקות

1 בצל ירוק (רק החלק הירוק), פרוס דק

2 כפות שמרים תזונתיים

הוראות הגעה

(a בעזרת הידיים מפוררים את הטופו דק לתוך קערת ערבוב.
לחלופין, אפשר לשבור את הטופו לכמה חתיכות, לשים במעבד
מזון, ולהפעיל ולכבות בפולסים עד לקצוץ דק ואחיד, ואז להעביר
לקערת ערבוב.

(b מוסיפים את המיונז והסלרי. מערבבים היטב. מערבבים את אחד
מהמרכיבים האופציונליים או את שניהם. מעבירים לכלי הגשה
קטן יותר או מגישים ישר מקערת המערבל.

סיכום

טורטיות עוטפות, עורמות, מגלגלות ומקפלות. הם יכולים להיות פריכים או רכים, פשוטים או בטעם. הם שותפים באופן טבעי כמעט לכל פרופיל טעם, חלבון וירקות כמעט בכל צורה. אין גבול לאופן שבו ניתן לצרוך אותם.

ובכל זאת, היינו צריכים להתחיל ולעצור איפשהו. רוב המתכונים בספר זה מייצגים מנות אהובות בדרום מערב ארצות הברית, חגורת הטורטיה של אמריקה. מדינות טקסס, ניו מקסיקו, אריזונה וקליפורניה מקשרות בין הקונכיות של החגורה הקולינרית הזו.

בחייך! הגיע הזמן לטייק חדש על טורטיות.

CPSIA information can be obtained
at www.ICGtesting.com
Printed in the USA
LVHW082011150223
739598LV00014B/1130

9 781783 570560